丟吧！成爲更好的自己

暢銷新裝版

山下英子——著
李建銓——譯

男人，斷絕所有，才能卓越超群。

女人，捨棄一切，造就美麗絕倫。

這是我心裡長久以來的想法。

卓越超群的男人。

美麗絕倫的女人。

各位男士，如果想達到卓越超群的境界；各位女士，如果想造就美麗絕倫的形象，首先，請回顧自身，是否已斷絕所有；是否已捨棄一切。

接下來，我再請問各位。

各位男士，你們牢牢擁抱不願放手，到底堅持些什麼？

各位女士，妳們汲汲營營拼命儲存，到底渴求著什麼？

倘若各位擁有愈多、追求愈多，將一切緊緊擁入懷中，在這段過程中，人生將會沒入沙土，完全沉陷。

倘若各位儲藏愈多、聚集愈多，將一切高高堆積如山，在不久的將來，生活將會佈滿塵埃，得不償失。

各位應該斷絕所有。

各位必須捨棄一切。

如此一來，沒入沙土、佈滿塵埃的人生與生活，必將重見天日。

讓我們拋棄不必要的東西，是的，只要放棄多餘的東西，寶貴的人生就能更加耀眼；珍惜的生活就會更加美滿。

CONTENTS

| Chapter 3 |

斷捨離就是「減法」的真實版

CONTENTS

Chapter 1

斷捨離，讓人生出現重大變化！

· 什麼是「斷捨離」？
· 人們對東西的「感情」
· 斷捨離，為何能讓人生更順利？
· 不會整理的女人 VS. 不動手整理的男人
· 「整理東西」變得更困難的原因
· 整理＝「確認關係」
· 男人「緊抓不放」的東西
· 女人「拚命儲存」的東西
· 囤積物品的三種心理狀態

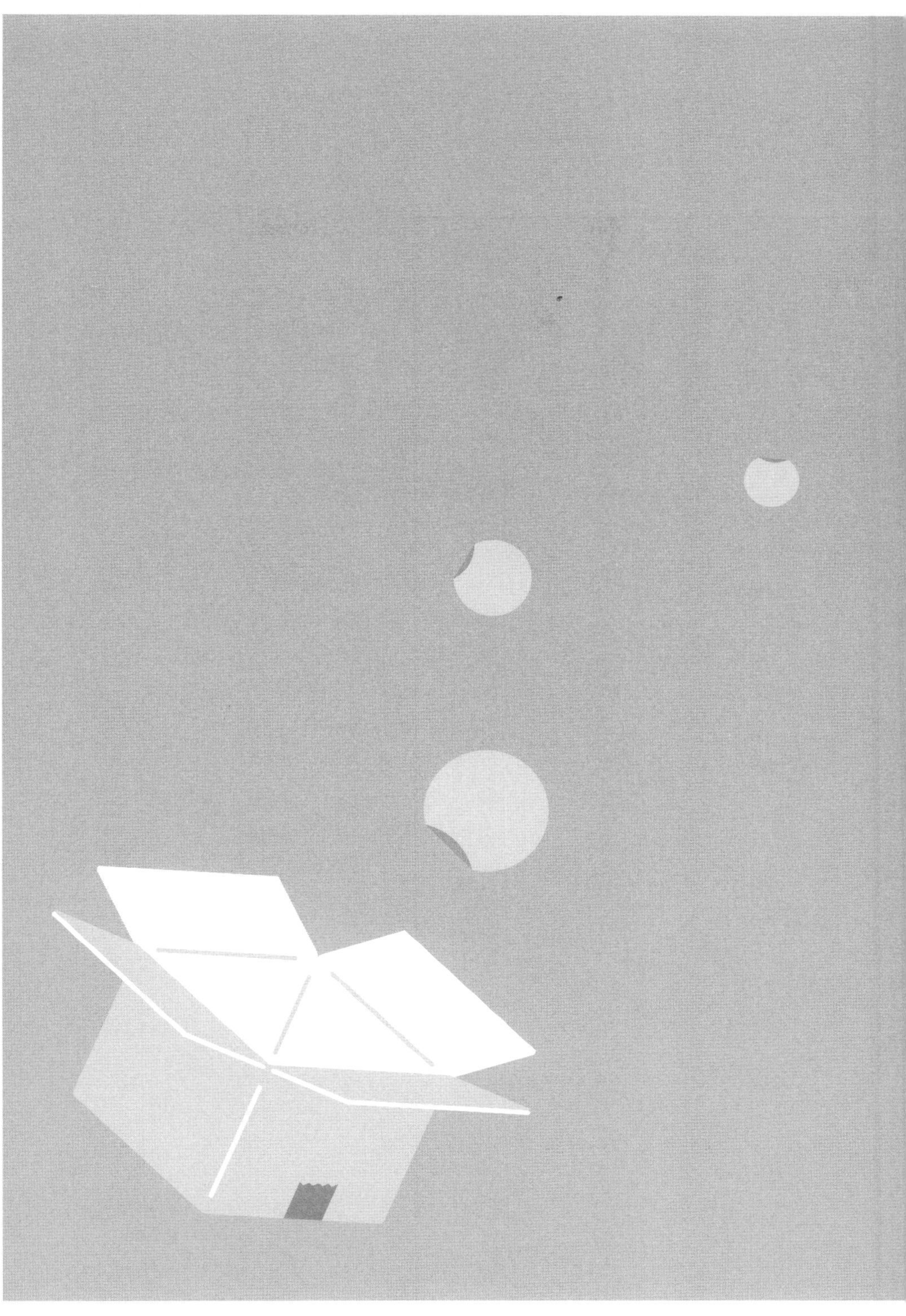

什麼是「斷捨離」？

簡單說就是「減法解決法」，也就是「減法的美學」。

透過放棄東西，讓心情獲得解放，進而使我們隨時保持神清氣爽的一種生活方式。

經常可以聽到實踐斷捨離的人這麼說：

「長久以來，認為絕對無法捨棄的東西，其實完全沒必要留戀，當我發現這一點時，當下就決定放棄這些東西。」

「我找到一直無法動手整理的原因了。」

「我徹底重新檢視工作和他人的關聯。」

「我發現對自己而言，真正重要的東西，並且確實地珍惜這些東西。」

「隨著身邊的東西減少，壓力也瞬間降低，心情變得非常輕鬆。」

同時，這些人也變得勇於面對自己，

果斷接受各種挑戰。

其中，許多人現身說法：

「實踐斷捨離之後，沒想到竟然覓得良緣而步入禮堂。」

「不知不覺之間減肥成功。」

「果斷離婚後，踏出嶄新的一步。」

「終於實際挑戰，從以前就想嘗試的工作。」

「原本一直覺得，自己不可能適合的穿搭風格，現在變得能夠自由搭配，並且樂在其中。」

這世上有各式各樣的整理術，但在整理的同時，**能夠產生「心理的變化」、「生活的變化」及「人生的變化」，這正是斷捨離的奧妙之處。**

斷捨離到底有什麼魔力，能讓人們徹底改變呢？

調整心靈與人生的整理術

斷捨離就是「減法解決法」，也就是「減法的美學」。

更簡單地說，就是**透過放棄東西，讓心情獲得解放，進而使我們隨時保持神清氣爽的一種生活方式**。

斷捨離的根源，是從**瑜珈的行法哲學「斷行」、「捨行」、「離行」得到的啓發，是一種透過整理東西與空間，進而調整心靈與人生的整理術**。

【斷】是**東西的入口**。對現在的自己而言，仔細斟酌「必要的東西」和「不必要的東西」，斷絕不必要的東西，**選擇必要的東西**。

【捨】是**東西的出口**。對現在的自己而言，用心推敲「必要的東西」和「不必要的東西」，丟棄不必要的東西，**留下必要的東西**。

【離】則是重覆實踐「斷」和「捨」之後，達到的境界。這個境界的具體呈現，就是讓精挑細選的東西，從入口順利地流向出口，像新陳

東西的入口		東西的出口		
斷	×	**捨**	=	**離**
選擇必要的東西		**留下**必要的東西		精挑細選的東西**發揮功能**的狀態

· 斷捨離是一連串的流程，能夠讓我們脫離停滯不前的狀態。
· 重覆實踐「斷」和「捨」，就能達到「離」的狀態。

代謝一樣，**挑選出來的東西都發揮出最適當的功能**。

「斷捨離」這個詞彙，就是代表這三個程序。

我在學生時代學習瑜珈，接觸斷行、捨行、離行的理念後，最後領悟出來的真諦就是斷捨離。

當時，我和一般女生相同，沉溺於物慾之中。對於一個充滿慾望的年輕女孩而言，要實踐斷行、捨行、離行，理所當然只會覺得：「不可能！」

隨著時間流逝，我所擁有的

東西也不斷地增加。

老實說，過去我也是個完全不喜歡整理的人。雖然平常還是會收拾家裡，但因爲東西實在太多，每天我都花費許多時間和精神，決定這些東西的去留。

後來因爲東西多到讓我產生壓迫感，有一陣子我買了大量的塑膠收納箱，用來收拾幾乎快滿出來的物品。那個時候，我以爲只要收納起來，就能完全解決東西太多的問題。

有了這些收納傢俱，只要把東西塞進去，看起來就像是整理過了的樣子。然而，每當需要某件物品時，就必須從塞滿東西的傢俱裡一件件翻出來才找得到，這樣的過程非常耗費時間。當然，拿出來用完之後，又必須再收起來。

把東西全部收起來，居家環境看來確實是整潔舒適，但每次爲了拿出一樣東西，都必須耗費許多體力和時間，這讓我的心情一直處於無法放鬆的狀態。每添購一件收納傢俱，一眼就能看出家裡的東西比過去佔據更多空間。因為東西太多而感到煩惱，只是一味購買收納傢俱來存放，企圖解決問題，這種想法打從根本就是個極大的錯誤。

這個時候，我想到一件事情。

如果沒有這麼多東西，自然不會有這麼多煩惱！為了讓房間整潔，心情輕鬆，只要減少東西就好了！

為了收納而精疲力盡，此時，腦海裡浮現出大學時代，我曾經放棄的斷行、捨行和離行。每天的生活，都因為收納而忙進忙出，最後我領悟到的結論，就是「不要擁有那麼多東西」。這一刻，我才眞正體會到瑜珈的精神眞諦。

當然，即使我的想法從「收納物品」轉變成「減少東西」，但是家裡的東西也不是馬上就能減少。我自己也經過一段時間，從錯誤的嘗試中學習，才眞正達到每天實踐斷捨離的境界。

之後過了大約三十年，直到現在，每次有人來拜訪我，看見實踐斷捨離的居家環境，他們總會驚訝地說道：

「家裡只有這些東西，真的可以生活嗎？」

只要確實且不間斷地實踐斷捨離，各位一定可以從「無法整理」的煩惱中解脫。同時，每天過著心情輕鬆的日子。因爲我以前也是不喜歡整理家裡的人，這一點我再了解不過了。

人們對東西的「感情」

所謂的斷捨離，就是讓我們透過放棄東西，同時也將感情一併放手。

對我們每個人而言，眼前的每一件物品，都是「東西＋感情」的集合體。

爲什麼斷捨離可以改變人生？爲什麼只要捨棄東西，心情就會變得神清氣爽？

原因在於，過去**我們對每一件東西都賦予「意義」，並且抱持著「感情」**。

舉例來說，一件東西能夠讓我們感到快樂，那就是美好回憶的證據。而價錢高昂卻不常穿的西裝，其實只是表現出「虛榮」這個負面情緒的證據。

一件他人饋贈的物品，除了蘊含著送禮者本身的感情，接受饋贈者也會在物品上加諸「對送禮者的感情」。

譬如說，以下情況應該經常會發生吧。對送禮者抱持好感，收到對方送的

感情

東西

人們總是對東西賦予「感情」

東西，即使不合自己的心意，卻仍想好好收藏起來。相對地，如果對送禮者沒有好感，收到的物品若不是真的很喜歡，也就不會太過重視。

一件物品，原本應該不具任何意義，但我們會憑自己的喜好對物品賦予意義。

當我們對某件物品加諸感情後，「物品的本質」就會因此改變，進而產生完全不同的影響。

如果加諸了愉快的感情，其中就蘊藏了美好的回憶，因此這件物品對自己而言，一定也會變成「喜歡的東西」。但是，如果一件物品帶給我們

「沉重」的感覺……那該怎麼處理才好呢？

例如，每當看到某件物品，腦海裡就浮現「痛苦的往事」或「討厭的某人」，這些事物絕對不是美好的回憶。更何況這件物品會讓我們心情感到沉重，可以說是看了就覺得討厭。

物品就是物品，但卻又不單純只是一件東西，因爲其中摻雜了感情。

所謂的斷捨離，就是讓我們透過放棄東西，同時也將感情一併放手。

接下來，讓我向各位說一個發生在某位女性身上的故事。

這名女性結婚超過三十年，但她在婚前就有儲存東西的習慣。

過去，衆多追求者寫給她的情書、學生時代讀過的書、曾讓男性讚不絕口，猶如偶像般可愛的自己的照片……。

這些堆積如山的物品，全都是過去的遺物。但是，她卻將希望埋藏在這些物品當中。

「以前，我眞的是衆人的女神，而且又充滿知性。這樣的我，絕對不可能屈就於家庭主婦的身分。現在，沒有人願意多看我一眼，因爲這不是我眞正的面貌。」

這名女性完全無法接受現實中的自己，與過去集衆人矚目於一身的自己比較起來，兩者間竟有如此巨大的差距。現在的生活讓她感到不開心，覺得索然無味。總而言之，現在的丈夫、現在的家庭、現在的經濟狀況、現在所處的立場，這一切都讓她極爲不滿。在她腦海中不停想著：「這不是我該過的生活。」而這個念頭久久揮之不去。

因此，她才會將代表過去榮耀的所有東西，全都收藏起來，讓自己沉浸在回憶中。

面對過去擁有的東西，她一直抱持這樣的想法。

「現在的我就像灰姑娘，總有一天，一定會再度成爲衆所矚目的焦點，因爲我具備高人一等的條件。」

然而，她一直沒發現，其實自己只是活在過去的回憶中，也不知道這樣的想法只是在逃避現實。如此一來，往後的日子，她只能終日鬱鬱寡歡地活下去。而她的人生，也將永遠無法改變。

但是，如果她能夠察覺，原來自己已經埋沒在過去的遺物當中，而且也願意放棄這些物品，那麼她的人生應該就能夠開始新陳代謝。只要從如泥沼般的過去抽身，勢必就能找到適合自己的舞台。

以上這個實例告訴我們，同時也是我經常提起，一直執著於物品將是多麼可怕的一件事。

一件物品，並不僅具有物理上的形體與功能。物品本身雖然以「肉眼可視」的形象，存在於這個世界，但是對我們每一個人而言，**眼前的每一件物品，都是「東西＋感情」的集合體。**

斷捨離，為何能讓人生更順利？

唯有清除掉心中的廢棄物，那麼總有一天，當好運走向你我之時，運氣方才不致受到阻礙。而藉由丟棄物品，我們才會將關心的重點放在從未注意的地方。

每一個人，都會對物品賦予意義、加諸感情。

因此，放棄一件物品，就等於將不自覺中，將賦予物品的感情也一併放手。

放棄一件物品之後，賦予該物品的意義，也會同時從我們的眼界中消失。如此一來，聚焦在物品上的動機也消失無蹤，將注意力投注在物品上的頻率自然也會大幅減少。

藉由丟棄物品，我們也會將關心的重點，放在至今不曾注意的地方。

我一再強調，實踐斷捨離，會讓我們的心境產生變化，進而也對生活帶來變化，最終能夠改變人生。這也就是丟棄物品之後，心情會變得輕鬆且愉快的原因。

每個人都希望「提昇運氣」、「掌握幸福」，我也是一樣。過去，只要看到標榜「開運」或「祈福」的東西，我的內心就會莫名興奮。

然而，即使用盡手段，我們也無法隨心所欲，開創自己的「運氣」，或是硬將好運攬在身邊。

捉摸不定的運氣就像漂流在某一條運河上。

唯有清除掉在影響運河當中流動的廢物，總有一天，當好運氣漂向我們的時候，自然就不會遭遇到阻礙。等到時機成熟，看到運氣朝向我們而來，我們就能輕易打撈上岸。

堆滿東西、雜亂不堪的空間，正是心境的寫照。相較之下，整潔舒適、有條不紊的空間，必定能讓我們神清氣爽。試問，倘若上述兩種情況各代表一條運河，哪一條的水流狀況比較順暢？當運氣流過哪一條運河時，我們可以馬上發現，立刻打撈上岸呢？

我想答案應該很明顯。

因此，只要實踐斷捨離，當運氣在意想不到的時機造訪時，我們的人生自然會隨之改變，這就是我對運氣的詮釋。

斷捨離，讓你我透過東西，「找尋自我」

請容我不厭其煩再說一次，我們平常就會對物品賦予意義，並且加諸感情。

因此，只要觀察某個人總是不肯放手、緊緊抓住，直到堆積如山的物品，就能清楚知道他內心恐懼及不安的根源。

我到底在緊抓著什麼？

我到底累積了些什麼？

我爲何總是無法放手？

面對眼前的物品，重新審視物品和自己的關係，就能察覺長久以來不曾顯露的深層心理。

面對物品，整理自己加諸於其中的感情，是一件痛苦的事情。和他人討論「是不是應該丟棄」，結果只會變成依賴他人的判斷，就算丟掉再多東西，讓空間變得再怎麼整潔舒適，也不能稱得上是眞正的斷捨離。

斷捨斷並不是單純指丟棄那項物品。

正視我們加諸於物品上的感情，這個過程也是斷捨離的一個重要環節。

專心注視物品上的感情，即使判斷「不丟棄」，這也是斷捨離的眞諦。因爲唯有將感情放在物品上的本人，才能決定該放手或是該留下。

上述過程雖然看似枯燥乏味，但是，正視每一件物品，能夠讓我們知道自己不曾察覺的感情，也能了解自己一直以來沒發現的心情。

斷捨離就是藉由物品展開一場「尋找自己」的旅程。也是深入了解自己、實踐自我探訪的方法。

不會整理的女人 VS. 不動手整理的男人

女性習慣將整理視為是一種「能力」，「不會整理」則多半蘊含自責之意；男性則將整理環境與自己的「能力」，看成是兩回事。

二〇〇一年秋天，我開始對外推廣斷捨離這個觀念。在出版書籍之前，我就舉辦過許多講座，至今總計約有五千人次參加。而聽過我舉辦的斷捨離演講的人們，恐怕累積不下數萬人次。

無論是講座還是演講，都不是我單方面說話而已，我還會當場詢問參加者，對於整理有什麼煩惱。

每個人的煩惱各形各色，而多數女性總會說：「我不會整理。」其實，這句話蘊藏著更深一層的意義，亦即大多數女性並不是「不動手整理」，而是訴說著對於「怎麼整理」感到煩惱。

但是，仔細想想，「不會整理」其

實也是相當奇怪的一句話。

「有沒有整理」是表達居家環境的狀態，也就是一種結果，而「會」與「不會」則代表是否具備某種能力。

也就是說，**「不會整理」這句話，代表女性將整理視爲是一種「能力」，而「不會整理」則多半蘊含著責備自己的意味。**

另一方面，多數男性對於「不會整理」，並不感到煩惱。參加講座的男性，只會說自己「不動手整理」，但很少提到自己「不會整理」。**對男性而言，環境是否處於整理完成的「狀況」，其實與自己的「能力」根本就是兩回事。**

這樣的區別，應該是因爲女性在無意識之中，把整理環境這種家事勞動，當成「女性該做的事情」。

相對的，男性只在乎是否完成整理的狀況，或許是因爲在他們腦海中，一直認爲「那是別人應該做的事情」。

在講座中，我實際感受到，男女之間對於整理這件事的想法完全不同。

另外，女性爲了「不會整理」而責怪自己（偶爾也可遇到有此想法的男性），是因爲她們根深蒂固認爲「整理只是件簡單的家事勞動，其他人一定都很擅長」。但從結論來說，這種想法存在著極大的謬誤。

整理，絕對不是一件簡單的工作。

整理並不是單純把東西「收納」起來，也不是透過「整理、整頓」讓環境美觀，更不是清除灰塵、擦拭髒污的「打掃」工作。

收納、整理整頓和打掃，只要打起精神、努力去做的話，自然會有成果。但整理卻必須從判斷物品「必要或不必要」做起，是一件相當需要智慧的工作。

「整理東西」變得更困難的原因

整理是一項高超的技巧，能讓我們生活更舒適。但請勿苛責自己「不會整理」，這只會平添內心的痛苦。請務必了解，「東西太多」才是大家不願動手整理的原因。

追根究柢，不動手整理的最大原因，並不是因爲房子太狹窄，也不是因爲收納空間不足。單純只是因爲東西太多，才遲遲無法開始整理。

因爲東西太多，導致沒有收納的空間，也沒有足夠的時間和體力存放與取出物品。儲存堆積的物品，已經遠遠超過自己擁有的空間、時間與體力，結果造成無法管理，並且遲遲不動手整理的狀態。

現今這個時代，到處充斥著物品。因應流行，製造商不斷生產許多新東西，而且品質十分優良又能長久保存，和過去相比，購買價格也大幅降低。

即使不花錢購買，我們居住的空間，每天都會增加一些免費的物品。

以下讓我舉一個例子來說明。

包裝容器類

事實上，這些東西處理起來最麻煩。這個時代，不管什麼商品都是過度包裝，而且大多裝在容器裡。再者，包裝使用的素材，設計也都十分精美，讓我們覺得直接丟棄相當可惜。

精品名牌商店會提供材質堅固、用料實在的紙袋，去一趟超市，也會帶回質料單薄的塑膠袋。另外還有裝餅乾的可愛罐子、別具巧思的盒子、紙箱和包裝紙，包裝用品的設計可說是琳瑯滿目。

我們容易受到商品包裝紙和容器的魅力吸引，而每件商品一定都有包裝用品，就算不想要也沒有拒絕的權利。

同時，我們在選擇商品的時候，與其說是選擇商品本身，其實更容易受到外側的包裝容器影響。結果在不知不覺中，這些包裝容器類的物品就堆滿家裡。其他還有許多東西，也會擅自佔據我們的居住空間。例如：

- 逢年過節收到的禮品
- 朋友饋贈的禮物和紀念品
- 郵購、網購型錄
- 宣傳性的贈品、書籍別冊及隨書贈品類
- 化妝品的試用包
- 便利商店的免洗筷、塑膠湯匙、濕紙巾
- 生鮮商品附贈的保冷包
- 用剩的芥末、辣椒等醬料包
- 實體信件、傳單
- 打火機、火柴

而且，我們都很喜歡買東西，因爲購物可以帶來喜悅。透過交易獲得一件物品，有時可以讓我們打起精神，有時也能塡補心中的寂寞。因爲，物品也是一種自我表現的手段。

我們已經被物質的洪水給淹沒，這種說法一點也不爲過。爲什麼我們一直覺得整理東西變得比過去還要困難？這就是原因。

物品的數量，與阻擋在我們面前那片「整理之牆」呈正比。倘若漫不經心地沉溺於慾望之中，家裡將會被東西淹沒，最後生活空間必定會成爲一座倉庫。

在上述狀況中，想精選出必要的東西，是一件極爲困難的事情。以運動來做比喻的話，難度就像參加奧運一樣。

因此，各位不必一味認爲自己「不會整理就是一無是處」。不會整理，並不是因爲我們天生能力不足所致。

整理是一項高超的技巧，能讓我們在新時代過著舒適的生活。

苛責自己「不會整理」，只會平添內心的痛苦。請各位一定要先了解，「因爲東西太多，才是不願動手整理的原因」。

接著，每一天都用處之泰然的心境，時時記得挑選出眞正必要的東西，如此一來，自然能夠養成整理的習慣。

整理＝「確認關係」

若總想著「日後會用到」，保留不需要的東西，那家就不再是居住空間，而是「倉庫」或「垃圾場」。而「整理」一詞正好代表著「確認關係」，其實就是讓物品處於「最適當的狀態」。

新陳代謝與我們的生命息息相關。因此，儲存物品這個「堆積」行爲，總會讓我們感到不對勁，進而引發「想整理」、「必須整理」的想法。

反過來說，「想整理」和「必須整理」的想法，其實出自人類的本能。這樣的想法足以證明，我們都知道「整理後的狀態，能帶來心理上的舒適」。

然而，我們平常不時將「整理」這句話掛在嘴邊，但整理的眞正意義是什麼呢？

將東西收納起來，就是整理嗎？將雜亂不堪的物品，擺放得井然有序，就是整理嗎？

「整理」一詞，蘊含的意義是「確認關係」，換句話說，也就是「讓物品處於最適當的狀態」。

任何事情一旦有了開始，必定會迎接結束。新的東西，總有一天會變舊，原本是走在流行尖端的物品，隨著時間流逝也會過時。我們的年紀也會增長，直到有一天離開這個世上。

我認爲，「整理」的大前提，是必須接受所有物品終有一天必將迎向結束的這個事實，看清哪些物品已經面臨終點，訂且採取正確的處置。

一旦有了開始，就要確實終止，讓所有事物處於結束的狀態。這就是「確認關係」的意義。

例如，一枝筆用完了之後，就要放回筆筒內，這是「整理」。把一枝不會再用到的筆丟掉，也是「整理」。

然而，如果爲了一枝沒在使用的筆，或是不知道什麼時候會用到的筆，特地準備一個擺放空間，這種看似未雨綢繆的行爲，絕對稱不上是

「整理」。

「一件還能使用的物品，即使現在沒有用到，仍舊具有價值，代表這件物品與我們的關係尚未結束。」

有些人可能會這麼想，但是，目前沒有用到、不知道什麼時候會用的東西，就沒有必要留下。也就是說，「使用東西的人，和這件物品的關係已經結束」。

如果一直想著「日後會用到」，而保留不需要的東西，家就變得不是居住空間，而是「倉庫」或「垃圾場」。為了「日後會用到」這個理由，一直把沒必要的東西收起來，結果就必須不斷擴張生活空間。

會儲存起來的東西，就代表是沒有在發揮作用的東西。在家裡堆滿這些沒有作用的東西，以我們的身體做爲比喻，就是「便秘」的狀態。

我們只要吃東西，就一定會排泄。如果排泄不順暢，將導致身體狀況變差。

這個道理也能套用在物品。

一直不願排泄，堆積過多物品，將使我們的生活停滯不前。一直收著但沒有擺在應有的位置，這些多餘的廢物，也會讓我們感到心情鬱悶。完全沒有新陳代謝，只是一味儲存物品，對生活與心情都會帶來不良影響，這是極爲自然的道理。

即使家裡的物品沒有散亂在各處，也不算是眞正整理完成的狀態。光只是收拾乾淨，絕對不能說是整理。

斷捨離所說的「整理」，其實是一段過程，正視一件物品，並思考自身與物品間的關係。一旦發現雙方的關係已經終結，自然就必須放棄，將物品置於結束的狀態。

男人「緊抓不放」的東西

無論是男性或是女性，兩者各有容易緊抓不放的東西。

特別是男性這種生物，往往抱持著極高的自尊心。對於充滿「重要象徵」的物品，以及代表「我很優秀！」的東西，總是容易緊抓住不放。

在男性房間裡經常可以看見排成一列的**模型**、**古董或唱盤**，這些東西在同好眼中，全都價值非凡，每一件都有特殊意義，蘊含許多故事與夢想。

許多男性會將收藏品擺滿整座架子或是一面牆，而他們緊抓著這些物品不放的原因，其實是希望透過東西來主張「我是如此地優秀！」歸根究柢，男人就是喜歡透過物品，來滿足希望受到重視的心理。

另外，男性通常也具有狩獵本能，把東西帶回家收藏，這種行爲本身也能帶來喜悅。

收藏品在同好眼中，或許具有數十

萬、數百萬的價値，但是對於毫無興趣的人來說，這些東西如垃圾般一文不值。我們應該都聽說過，某一天，妻子在打掃家裡的時候，擅自把丈夫的收藏品處理掉，結果引發嚴重爭吵的實例。

領帶

男性在退休後無法丟棄的東西，最典型的例子就是領帶。

某位男性擁有將近一百條領帶，而且一直不願丟掉。身爲一名上班族，領帶是必需品，但是這位男性已經退休多年，只有婚禮或葬禮才會需要打領帶。或許偶爾出門時會想打領帶，但是將近一百條領帶，對他而言數量還是太多。

他本人也意識到，自己已經不太需要打領帶，家裡的領帶數量的確太多。然而，每當妻子想把他的領帶處分掉，他仍舊堅持不願丟棄。

爲什麼這名男性如此重視領帶，遲遲不願放手呢？

對於多數男性而言，自己身處於這個社會，領帶是一種存在價值的象徵。代表著過去的地位，站在商場最前線，充滿活力工作的證據。

把領帶丟掉這件事情，等於和過去的自己訣別。放棄這些領帶，就像是切斷自己和社會之間的連結。或許這樣的心境，就是造成男性對領帶如此執著的原因。

書籍

書籍和領帶一樣，也是男性不願放手的物品，具有代表性的例子。書籍是知識的象徵，閱讀許多書籍，總給人知識豐富的印象。

觀察一個人的書架，我們可以了解他的興趣，以及他所關心的事情。有時候，一名平常覺得不可靠的男性，在觀察他的書架後，會覺得「原來他對自己比想像中還要有自覺」，或者會想「說不定這個人比想像中還聰明」，有些女性會因此對男性改觀。

男性之所以會累積書籍，背後的原因有可能是覺得自己知識不足所致。透過保留書籍，證明「我是個有知識的人」或「我是個能幹的男人」。簡單來說，就是不想讓別人覺得自己是個笨蛋。希望獲得身邊的人肯定，這是每一位男性內心最強烈的慾望。

在書架上擺放許多書籍，的確可以證明書架的主人讀過許多書，同時也是透過書籍獲得知識的證據。

然而，值得一讀再讀的書，應該沒有那麼多才是。

把一本讀過的書丟掉，並不代表我們從書裡得到的知識，也會跟著一併消失。藉由讀書所得的知識，應該會一直留在腦海中。

總之，我們不需要透過保留大量書籍，來證明自己博學多聞。

大量的英語學習書、商務書籍、自我成長工具書、小說……，書架上擺放的書籍種類和數量，因人而異。因此，透過觀察書架，一個人執著的事物，甚至是在某方面存在著自卑感，都能夠一目瞭然。

有些男性儲存大量**文件**，也是相同的心理狀態所致。

女人「拚命儲存」的東西

女性這種生物，永遠都渴望被他人寵愛。因此，她們喜歡留存那些能夠滿足「認同需求」的物品。

廚具類

受到丈夫寵愛、做好妻子的本分、成爲稱職的母親，這些都是女性的願望。

一般人總認爲現代女性變得愈來愈堅強。其實，女性原本就比我們想像中還勇敢，這種說法或許讓人感到驚訝。但我只是實話實說，多數女性在潛意識中，都希望扮演一名稱職的家庭主婦，做好這個角色該做的事情，藉此獲得正面評價。

然而，現代女性大多忙於工作，導致她們並不是那麼擅長做家事。雖然這是無可奈何的事情，但實際上，大部份女性經常因此感到內疚。

其中，不會做飯更是讓女性抬不起頭的最大原因。許多女性身爲人妻，每天爲了三餐菜色苦惱不已，希望煮出豐盛的料理，讓丈夫和孩子吃得營養均衡。再加上日本政府推廣「食育」運動，鼓勵女性在爲孩子準備便當時，在配菜擺設上發揮創意巧思，結果，有時候學童間互相比較，對母親造成無形的壓力。

煮得一手好菜，是每一位女性的夢想。擅長作菜的女性，似乎一定會受到丈夫與孩子喜愛。這種無憑無據的刻板印象，導致女性不斷花錢購買各種功能的**新式廚具**。

特別是號稱「方便使用，縮短時間」的廚具或料理類家電製品，對女性更是具有吸引力。**食物理調機**、**壓力鍋**、**無水鍋**，或是**多功能水波爐**，還有因爲健康飲食風潮大行其道，進而熱銷的**果汁機**和**攪拌機**。

買了這麼多家電製品，要完全學會如何使用，其實是件困難的事情。結果，因爲很少使用，就收進廚房的櫃子裡，反而使得原本空間就有限的廚房，變得更加擁擠。

但是，每次看到新型家電製品上市，女性們總是會說：「這次買了，一定會好好使用！」結果又添購一台佔空間的機器。

服飾

「渴望被愛」的想法愈強烈的女性，就愈容易累積**服飾**，因爲那是展現被愛的象徵。

衣服原本的用途是調整體溫和保護皮膚，但現在已經超出這層意義，成爲自我表現的工具。

舉例來說，穿著緊身服飾，展現玲瓏有致的身材線條，目的是爲了強調自己身爲女性的特質。而色調柔和的服飾，則大都是爲了塑造親切溫柔的形象。

觀察人們穿著的服飾，可以了解到當事人希望帶給他人什麼樣的印象。

當然，爲了扮演「某種形象」，就選擇「符合該形象的服飾」，並不是一件壞事。但這麼一來，我們很容易在無意之間，選擇相同風格的服飾……。或許有人已經想到這麼做的後果。

多次參加斷捨離講座的人們當中，有一名女性，每一次都穿著男性化的服飾。這名女性年約五十歲，結婚後育有一子，並且離過一次婚。她絕對不穿裙子，衣服的顏色也都是樸素的黑色或咖啡色系。在她的衣櫥裡，所有的衣服都充滿男性色調與風格。而且，她本人認爲，自己相當適合這種款式的服飾。

我曾經問她：

「爲什麼妳的穿著，總是這麼男性化呢？」

而她這麼回答：

「因爲我不知道什麼樣的服飾，穿起來才像女人。」

深入追問之後，我才知道她的母親，原本希望生兒子。在她出生之後，從小就深切感受到，母親對於生出她這個女兒，一直感到非常失望。

而且，只要她穿得像女孩子，總會惹母親不高興。

母親甚至還警告她：

「不准穿得這麼風騷！」

「如果我是男生的話，媽媽一定會更加疼愛我」、「媽媽不喜歡我穿得像女孩子」，這樣的想法，恐怕自幼就深植在她內心。

一開始，她只是在意母親的眼光，刻意避開華麗的衣服，逐漸養成習慣後，她變得不知道女性應該怎麼穿。甚至覺得自己絕對不適合女性化的服飾，和男人一樣總是穿褲子，對她而言已經是理所當然的事情。

我們身邊也有許多實例，如同這名女性，爲了一味討好某人，不顧自己眞心的想法，結果大量儲存某種風格的物品。

把自己擁有的衣服全部排開來看，就能發現自己希望帶給他人什麼樣的印象，或是身邊的人對我們要求的形象。

服飾代表自己喜歡的風格，同時也是眞心想要才會購買，因此能夠呈現我們的興趣與嗜好。

然而，試著想想：「爲什麼我總是選擇這種風格的服飾？」或許原因就是我們渴望受到某人喜愛，爲了扮演對方要求的角色，才會在無意識中，不由自主選擇近似的服飾。

只要丟掉這些違背本意所選擇的服飾，同時也能捨棄他人強加在我們身上的角色。藉由選購眞正喜歡的服飾，才能察覺內心對自己的期許。

回到之前提到的那名總是打扮男性風格的女性，爲了讓她更有自信，接受自己身爲女性的事實，我推薦她先從穿著粉紅色絹質睡袍做起。因爲睡覺的時候不會有別人看到，從這個地方開始找回身爲女性的自信，對她而言是最初的訓練。透過這樣的改變，她就能盡情愛上身爲女性的自己。

化妝品和服飾相同，也可以用來證明自己受到寵愛。因此，化妝品也是女性容易一買再買，直到堆積如山的物品。

容器

在房間與廚房實踐斷捨離時，可以發現女性喜歡儲存某類物品，就是密封容器、箱子及籃子。我看過非常多女性，即使擁有一輩子也用不完的容器，卻仍舊不願丟棄。

密封容器裡面裝著另一個密封容器，更內層還有一個密封容器……簡直就像是俄羅斯娃娃一樣，成組成套的密封容器，通常塞滿廚房的高層櫥櫃，不用矮梯根本拿不到。這樣的情況，相信各位一定都曾見過。

爲什麼女性如此喜歡儲存堆積如山的容器呢？

女性的體內具備了子宮這個器官，用來作爲孩子暫時的居所。因此，女性的潛意識中，一直都存在著將物品擁入懷中，或是收容起來的自然本能。或許正是這股慾望，導致她們難以自拔地想保存、收納某種物品。而且這樣的想法，並非僅針對具有實體的物品，也可能轉化爲追求優渥的物質生活，或是想佔有某人的心……。另一個可能性，或許某些女性因爲害怕一無所有，對於無法掌握的事物感到不安所致。

囤積物品的三種心理狀態

人們習慣囤積大量物品的三種心理狀態分別是：1. 從現實當中逭逃；2. 執著於過去；3. 對未來感到不安。

不想動手整理家裡環境的主要原因，就是我們當下擁有的空間、時間和體力，不足以處理因一味儲存，而導致數量過多的物品。無論是男性或女性，**整理的方法只有一種，就是篩選必要的物品，並將過多的廢物丟棄。**

只要東西減少，就能擁有寬敞的空間，過著舒適的生活。而且不必花費時間收拾與打掃，更不會因此無端耗費體力。覺得家裡灰塵太厚時，若是沒有多餘的障礙物，就能使用吸塵器快速地清理乾淨。即使家裡有些凌亂，也可以很快恢復成清潔舒適的狀態。

上述的道理，任何人都知道。

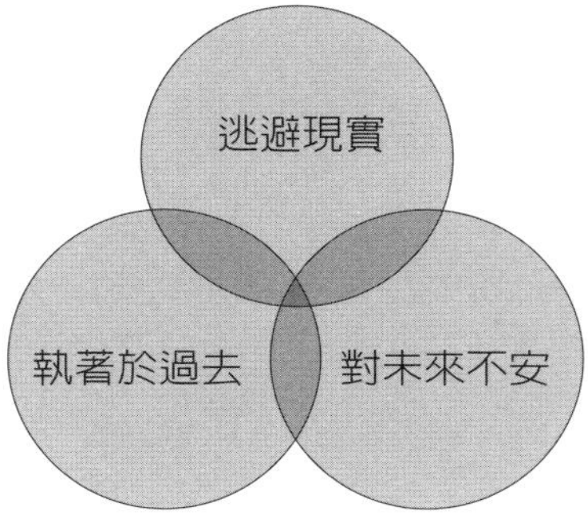

儲存大量物品的心理狀態，源自於「恐懼」。

既然知道，只要動手實行即可。然而事實並非如此，即使明白這個道理，眞的要丟棄東西，並不是一件簡單的事情。因爲丟棄東西，也代表必須一併整理物品上賦予的感情。

儲存大量物品的心理因素，會因人因物而各有差異。

透過開辦講座，累積和許多人接觸的經驗，我歸納出儲存大量物品的心理因素，不管男性或女性，大致上可分爲以下三種類型。

1. 從現實當中遁逃

2. 執著於過去

3. 對未來感到不安

以下詳細說明。

1. 從現實當中遁逃

這種類型的人，對於挑選必要的物品感到相當棘手，不願面對現實，因而不動手整理。

面對現實，明白雜亂的環境是自己不願動手整理所造成，等於正視自己最大的缺點，這是一個十分痛苦的過程。

再者，篩選物品的去留，等於審視自己與東西的關係。

「什麼是必要的東西？什麼是不必要的東西？」

「這個東西，會不會馬上拿出來使用？」

整理東西的同時，內心必須不斷重覆回答這兩個問題。

這個過程會讓人感到無比掙扎，因此，這類型的人就會別過頭去，不願面對自己不動手整理的現實。

話雖如此，長久以來沒有整理的狀態，又會帶來心理上的壓力，其實他們的內心一直非常煎熬。

因此，待在家裡讓他們感到煩躁，以致於經常找理由往外跑。以「忙碌」做爲藉口，其實只是因爲不想待在家裡，而裝做很忙的樣子。

逃避現實類型的人，解決問題的第一步，就是去正視最不想見到的事實，了解自己到底在逃避什麼。

2. 執著於過去

這種類型的人，在取得物品的當下，總是以過去做爲聚焦的重點，結果導致無法看見最重要的現在。

最具代表性的例子，就是「無法捨棄昂貴的物品」。

我想很多人都有這樣的想法，然而，所謂昂貴的物品，是多久之前買的呢？

即使以「昂貴」的價格買下一件東西，並不代表「現在仍具有相同價值」。而且，如果這個東西現在也很「昂貴」的話，正好可以賣個好價錢。

「昂貴」已經是過去式，倘若一味在意購買的價格，就會忽略掉更重要的事實，其實這件東西「現在已經沒有價值」。

「考慮許久才買下的昂貴衣服，平常捨不得穿，更捨不得丟掉」這種想法就是執著於過去。平常很少穿的衣服，日後應該也不太有機會穿，即使一直收藏著這件衣服，將來也絕對不會拿出來穿。也就是說，這件衣服已經無法發揮應有的價值。

另外，正如先前我提過，捨不得丟掉情書的女性，以及不願丟棄領帶的男性，他們的心境就是「難以割捨過去」。「無足輕重的獎狀，卻無法丟棄」，同樣也是屬於這類型的人。

對於執著於過去的人而言，這些**無法割捨的物品，正是「過去的榮**

耀象徵」。他們總認爲一旦放手捨棄，現在的自己也會變得毫無存在價值。

我們應該將目光焦點從過去轉移到現在，注重當下的存在意義，沒有必要再對過去依依不捨。

3. 對未來感到不安

這種類型的人經常想著：「或許過一陣子會用得到」，因爲他們對未來一直感到不安，難以取捨和曖昧不清的心情，導致一直儲存物品。

這種人習慣儲存很多日常用品，例如：捲筒衛生紙、面紙、口罩和清潔劑，數量多到超出一般人的認知範圍。

這個類型的人有一個特徵，就是遇到特價時，總忍不住大量購買。因爲他們心裡總想著：「現在不買的話，下次可能買不到。」結果，買過的東西又會再度購買。

「說不定最近就會用到。」

「說不定下次沒有這麼便宜。」

這些想法的起因，都是害怕將來無法取得同樣的物品。他們內心總是充滿對不足夠的恐懼，一味地害怕需要的時候不夠用，最後只好透過不斷購買與儲存來消除不安。

這類型的人，並不關注「現在擁有的東西」，一直聚焦在「現在沒有的東西」，只好反覆地「尋找沒有的東西」。而且這個念頭，又會無窮無盡地累積心中的不安。

因爲不安而堆積東西的人，當然對於捨棄一事感到不安。

他們經常問我：

「把東西丟掉，需要的時候不會很困擾嗎？」

「需要的時候沒東西用，怎麼辦才好呢？」

我一向都是這樣回答：

「爲什麼不能感到困擾呢？」

「你覺得那種困擾，大概是什麼樣的程度？」

「那種困擾的程度，是無可挽回的不幸嗎？真的是一場悲劇嗎？」

每當我這麼問，幾乎所有人的回答都一樣，即使他們爲此感到困擾，其實程度大約也只是說聲：「糟糕！」而已。再者，你在煩惱這個問題之前，倒不如先思考這個當下，儲存過多的物品已經帶來困擾。

如果是戰時或戰後缺乏物資那段期間，這樣的想法還算無可厚非，但現今的日本物資充沛，絕對不可能發生物資短缺的情況。反過來說，物資過剩才是現代人面臨的問題。

對未來感到不安的人，其實是因爲心裡缺乏自信，才會潛藏著這份不安，而這樣的心態，幾乎讓他們全都倍感壓力。

以上提到三種儲存物品的心理狀態，不管是「由現實逃避」、「執著於過去」或「對未來不安」，其實每一種都多多少少存在於每個人心中。因此，沒有人可以斬釘截鐵地說：「我屬於這種類型！」有時候我們會逃避現實，偶爾也會對未來感到不安。爲議各位事先具備這份認知，才能更加了解自己。

另一方面，這幾個心理狀態都有一個很大的共通點。

不管是哪種類型的人，儲藏物品的心態，都是源自於「恐懼」。

無論不想正視現實，對過去的榮耀不願放手，或是過度的未雨綢繆。

這些恐懼心理，我稱爲「執著心」。換句話說，儲存物品的行爲，就是我們心裡的弱點所致。

執著，讓男性心胸狹小。

執著，使女性目光短淺。

捨棄堆積儲存的物品，心胸狹小的男性就會變得器量寬大；目光短淺的女性就會變得眼界開闊。因此，只要放棄沒有必要的物品，男性必能超群出衆；只要割捨不需留戀的東西，女性必能美麗動人。

Chapter 2

「空間」訴說著現在的自己

· 看見「家」，了解「心」
· 髒亂的廚房，其實正在訴說著什麼……？
· 「精挑細選」就是善待自己
· 良好的「居住環境」是活力來源
· 「皮包」裡總留不住錢的原因
· 男人的空間，打造能幹的男人
· 女人的空間，孕育美麗的女人

看見「家」，了解「心」

居家環境若能整潔舒適，身體狀況自然會跟著好轉，而存放在身體裡的心靈，自然便可維持良好的狀態。

身體狀況不佳，心情就會鬱悶。

身體受到傷害，心情就會低落。

「身體」是「心靈」的容器。倘若容器的狀態不佳，裝在裡面的心靈受到影響，就會感到悶悶不樂。

那麼，裝有心靈的身體，又存放於什麼樣的容器裡呢？

身體的容器，就是所處的空間，說明白一點，就是我們居住的「家」。

既然心靈會受到身體狀況影響，那麼家對身體的影響，必然也是相當巨大。

總之，**如果居家環境整潔舒適，身體狀況也會跟著好轉，存放於身體裡的心靈，自然就會維持良好的狀態。**如果

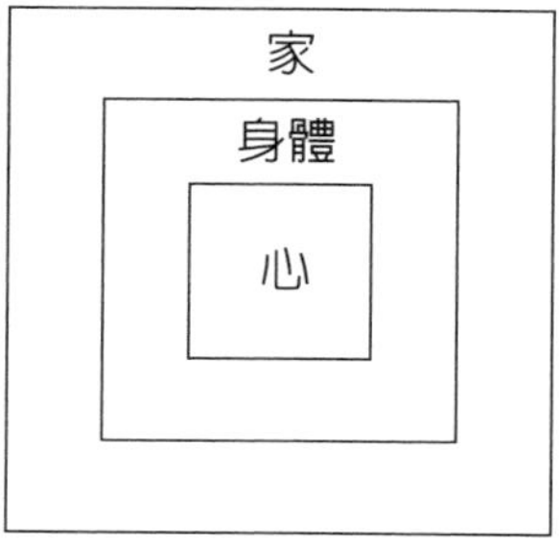

家裡環境雜亂不堪，將造成身體發生病痛，存放於其中的心靈，也將變得萎靡不振。

東洋醫學有兩個概念，分別是「部分即全體」和「全體即部分」。

意思是指「部份就是全體，全體也是部分」。

藉由這個概念，我引申的想法是「肉眼看不到的心靈，必定呈現於具有形體的部分（居住環境）」。

家的狀態，就代表心靈的狀態。

舉例來說，居家環境雜亂不堪的人，身體狀況一定不好，所以他們的心裡一定充滿壓力。

因此，觀察居家環境，就能了解當事人的心理狀態。

家裡和心裡，其實相互映照。相對來說，如果家裡環境整理乾淨，也能讓心情愉快，頭腦保持清醒，等於同時整理了情緒和思路。

無形的心靈難以掌握，有形的物品則相當容易處理。因此，與其想辦法整理肉眼看不見的心情，倒不如整理近在眼前的空間，改善身心狀態的效果肯定更加顯而易見。

看得見的世界和看不見的世界，息息相關。

先著手整理看得見的世界，看不見的世界自然也會調整至最佳狀態。

居家環境雜亂，竟是對自己和家人的虐待？

招待他人到家裡的時候，我們會整理房間、打掃環境。

這是因爲希望來訪的客人，可以在我們家裡渡過一段舒適的時光。

其中多少也是面子問題，不想讓他人看到房間雜亂不堪的情況。而我認爲，一個整潔舒適的空間，正是「用心款待」的表現，所以我們才會爲了來訪的客人，動手整理與打掃。

處在一個物品散亂的空間，沒有人能夠舒適地居住；活在一個雜亂不堪的環境下，也不會有人能夠愉快地生活。這是我從過去的經驗裡，得知的道理。

然而，各位面對自己和家人的時候，又是怎麼想的呢？

我們是否生活在一個物品散亂的空間？自己和家人是否居住在雜亂的環境？

我們經常不由自主會認爲，自己住的地方不用那麼在意小節，家人應該能夠體諒。

如此一來，親手創造一個堆積物品的空間，等於是告訴自己：「我住在倉庫裡也無妨。」同時，讓家人處於雜亂不堪的空間裡，也等於告訴他們：「你們就是適合住在垃圾堆裡。」

這樣的環境，會讓家人完全感受不到「關懷」與「重視」的心意。上述的說法，或許有些誇大，但是，**讓家裡維持雜亂的狀態，等於是利用這個環境在虐待自己與家人。**

斷捨離是一門由環境入門的學問，透過改整理居住環境，改善身體狀況與調養心靈狀態，進而讓生活變得更加舒適且充實。

髒亂的廚房，其實正在訴說著什麼……？

不管現在居住在什麼樣的房子裡，都必須竭盡全力創造一個最舒適的生活環境，這麼做不僅是為了自己，更是為了向家人表達最真誠的關懷與體貼。

「家」是我們的歸宿，在這裡可以盡情放鬆自己，也能療養身心。

這是我對家的定義。

然而，在這世上，似乎有不少人的家，並不是一個能夠獲得療癒與休養的地方。不對，正確來說，許多人的家都無法提供這樣的功能。

過去，我曾經拜訪過一名職業婦女的家，才得出以上的結論。

這位職業婦女在結婚後，生下兩個女兒，最後完成長年的心願，從集合式住宅公寓搬到一間透天厝。

集合式住宅是跟各形各色的人們住在一起，而獨棟的透天厝，則是自己與家人專屬的一個空間。多年來，她耗盡千辛萬苦才買下這棟房子，因此，對這個新環境理應是萬分期待。

然而，當我前往拜訪的時候，她馬上說道：

「房子跟鄰居距離太近，根本沒辦法打開窗戶。」

這句話聽起來應該是抱怨。剛見面開口就這麼說，足以得知她對這棟房子抱持著不滿。

而她找我過來的目的，是因爲「整理不了廚房」而煩惱，因此，我不再過問「無法開窗」這個問題，便直接請她帶我去廚房看看。

廚房是處理食物的場所，同時也是守護家人健康，攸關生命的地方。再者，人們常說廚房是「女人專屬的聖域」。對於身爲妻子與母親的她而言，想必進出廚房的次數應該相當頻繁。

即使沒有把廚房刷洗得閃閃發亮，多多少少有餐具或調理器具，用完就直接擺在外面，這個地方仍舊掌握著一個家庭的命脈，照正常人的使用情況來說，應該會保持一定程度的清潔。

而且這棟透天厝是她和丈夫一起努力買下，並沒有受到任何人逼迫，也不是從長輩手中繼承，照理說廚房更具有特別的意義。如果眞的喜歡這棟房子，一定會經常使用廚房，並且自然動手整理，保持廚房應有的整潔。就算多少有些雜亂，處理食物的場所，應該是個讓人感受到活力的地方。

然而，我看到她家的廚房，完全稱不上清潔，甚至飄散著荒廢已久的感覺。即使肉眼無法察覺，但這間廚房明顯充滿了停滯與憂鬱的氣氛。

在一間荒廢廚房做出的三餐，是否具有能量呢？吃了充滿憂鬱氣氛的料理，眞能爲家人帶來活力嗎？

雖然有些多管閒事，但是我在看過廚房的情況之後，開始關心起她和家人的身心健康。

廚房的情況再加上一開始提到的那件事，我可以肯定，她對這個新家感到十分失望。

她心中對於透天厝新居的夢想，一定是四面採光明亮、通風良好，而且還附有美觀的庭園。

但是，實際上買到的新家，卻僅是一棟蓋在夾縫中的房子，雖然勉強有一個停車位，但與鄰家緊緊相接，連窗戶都沒辦法打開。這樣的房子對她而言，跟住在集合式住宅裡沒兩樣，甚至可以說，是一棟環境比以前住的公寓還糟的透天厝。

我想她肯定非常失望。因爲失望的心情，完完全全反映在那間荒廢的廚房。

另一方面，她似乎一直掩飾著內心的失望。因爲這棟房子是她費盡心血才買下，導致潛意識裡不肯面對「令人失望」這個事實。

一般人會因爲「價格高昂」而不肯丟掉衣服，一棟房子更不可能「因爲不喜歡，換另一棟」。因此，她一直保持著低落的心情，憂鬱的情緒也就呈現在廚房的狀態上。

這樣的情況，可以用「部份即全體」來說明，部分的徵兆，就能夠傳達整體事態。

廚房裡擺放鍋碗瓢盆的櫃子，呈現出整棟房子雜亂的情況，這就是見微知著的寫照。

餐具櫥櫃中，塞滿便利商店集點贈送的咖啡歐蕾碗，或是買麵包機送的白色餐具。連餐具都買不起，只好使用「免費的贈品」來用餐，根本毫無生活品質可言。

事實上，她的餐具櫥櫃也有自己購入的高級碗盤，或是朋友贈送的美觀餐具。但是，這些餐具都堆在櫥櫃深處，或是疊在常用的碗盤下方，表面還積滿灰塵，一看就知道平常很少使用。

她對新家的失望，已經惡化到提不起勁來維持一個家應有的模樣，就連對家裡使用的東西都毫不關心。既然連著手整理廚房的動力都沒有，更別提還要花費心思去選擇餐具。

消除失望的心情，最好的方法或許就是賣掉這個不滿意的家，再買新房子。但是，房子的價格非同小可，如果不是經濟能力非常好的家庭，絕對不可能因爲不喜歡現有的住家，就輕易賣掉再重新買過。

然而，**就算沒辦法買新房子，但還是可以改變目前的居家環境**。只**要動手去做、用心思量，還是可以整理出一個舒適的居住環境**。只要把房子打理好，環境的氣氛也會跟著改善。家裡的氣氛變好之後，住在裡面的人們，心情應該也會跟著得清爽起來。

她最初應該做的事情，就是接受這個家帶來的失望感。一味地逃避自己心裡最眞實的感情，感性也會變得愈來愈遲鈍。

承認心中的失望，並且面對這股情緒，對她而言是一件非常痛苦的事情。但是，唯有徹底正視悲痛欲絕的失望感，才能解放封閉在內心深處的情緒，進而取回遺忘已久的感性。

恢復原有的感性，心境也將因而改變，才會眞心爲這個家付出。當內心的感性發揮應有的作用時，自然會開始關心家裡平常使用的物品。

如果心境產生變化，最初採取的行動，就是整理廚房的餐具櫥櫃，精心挑選餐具。

即使日後打算買新房子，總有一天會搬離這裡，但現在住的地方，當下生活的場所，就是自己目前的歸宿。如果一心想著「只是暫時住在這裡」，就疏於整理，生活將會變得索然無味。

我認爲，不管現在居住在什麼樣的房子裡，都必須竭盡全力創造一個最舒適的生活環境，這麼做不僅是爲了自己，更是爲了向家人表達最眞誠的關懷與體貼。

「精挑細選」就是善待自己

我們一定都聽說過「善待自己」的重要性，唯有在日常生活中，嚴格挑選自己滿意的的物品，才是善待自己的具體實踐。

「自己要用的東西，應該講究一點」，這才是成年男女對斷捨離應有的認知。

選擇每天都會用到的東西時，重點就是弄壞也不會心疼。因爲是日常用品，必須讓我們用起來沒有壓力。

因爲上述理由，不少人平常都用一些免費拿到的馬克杯，或是百元商店買來的堅固餐具。

不過，現在所說的人，並不像上一節提到那名職業婦女，她是因爲無心選購餐具，才會在不得已的情況下，使用這些集點贈品或百元商店買來的餐具。我想許多人的餐具櫥櫃裡，應該都會存放一些高級餐具，諸如：德國麥森（Meissen）的名瓷、九谷燒的高級彩瓷，或是巴卡拉（Baccarat）的水晶杯。

這些高級餐具平常都小心翼翼收在櫃子裡，只有當客人來家裡做客，或是舉辦慶祝派對等，特別的日子才會拿出來使用。然而，餐具必需實際使用，才能發揮應有的價值，一直收在櫥櫃裡的餐具，其實處境頗叫人同情。

而且，把高級餐具收藏起來，**自己只能使用便宜貨，對「自我形象」的認知，也會在無意識之間降低**。

「在平常的日子裡使用高級餐具，是一件奢侈的事情」，當我們心裡萌生這樣的想法，等於每天不斷對自己說：「我不配使用高級餐具」、「我只配使用免費贈送的廉價餐具」。

不斷讓自己去忍受不講究的物品，最後，自我形象的認知就會變成「對自己不必太講究」；一直讓自己使用廉價品，結果，自我形象的認知就會變成「我只配使用廉價品」。

沒有的東西當然不可能有機會用到，但**既然家裡有高級餐具，請各位就將它從櫥櫃裡拿出來，在日常生活中積極地使用。**

如同用心款待來家裡做客的朋友一般，我們也應該給自己相同的待遇，對家人也應該付出同等的關懷與體貼。就算不是特別的日子，平常也應該善待家人。

我們都知道，透過物品，可以傳達用心款待的心意。上述的道理不僅限於餐具，更可以套用到所有事物，例如：衣服和日常用品，當然也包括空間在內。

接受眞心的款待，我想任何人都會感到開心。因爲高規格的招待，代表自己受重視的程度。

透過物品與空間，把自己當成貴賓來款待，犒賞自己平日的辛勞。這麼做是信賴自己，恢復自信心的過程。

我們很容易陷入一種思維，覺得因爲是在家裡，自己和家人就「不需要賓至如歸的款待」。但是，這種想法其實大錯特錯，正因爲在自己家裡，更應該享受高規格的款待。

我們一定都聽說過「善待自己」的重要性，然而，讓自己用一些差強人意的東西，打從一開始就與善待自己背道而馳。唯有在日常生活中，嚴格挑選自己滿意的的物品，才是善待自己的具體實踐。

「自己要用的東西，應該講究一點」，這才是成年男女對斷捨離應有的認知。

良好的「居住環境」是活力來源

任何人都有保留物品的本能，無論何時都想儲存、保管東西。因此，收納空間愈寬敞，在不自覺且無意識之中，就愈是會堆積物品，導致無法收拾的下場。

將不要的廢棄物品放在家裡，等於將無用的排泄物囤積在體內一樣。

「環境」會對每個人帶來極大的影響。

以天氣這個自然環境為例，晴空萬里的時候，適合戶外活動；陰雨紛紛的日子，正好可以沉澱思絮，由此可見，我們的心情大幅受到天氣左右。

以經濟這個社會環境為例，經濟景氣的期間，人們出手闊綽；經濟蕭條的時代，群眾財務拮据，同理可證，我們的心情高度受到經濟左右。

最容易影響我們的因素，就是「居住環境」。

從清晨起床到夜間就寢為止，不，即使是睡眠期間，家中環境也對我們影響甚鉅。

因此，居住環境的優劣是不容忽視的問題。

各位希望在一個氣氛淤滯、雜亂不堪的居住環境裡，熬過每一天，亦或是在一個舒適清爽的居住環境中，愜意渡日。

將不要的廢棄物品放在家裡，等於將無用的排泄物囤積在體內一樣。

應該沒有任何人，想在四處散亂著排泄物的空間裡生活。應該也沒有任何人，會特地準備一個收納空間來保管排泄物。

將堆積如山的無用廢物丟棄後，空間就會變得寬敞，空氣也能順利流通。空氣循環變好後，整個空間的色調，看起來也會有所改變。將純淨的新鮮空氣，深深吸入體內，能夠改善身體狀況，心情也會變得輕鬆開朗。

斷捨離的具體呈現，就是將「不健康的空間」轉換成「健康的空間」；將「窒息空間」轉換成「呼吸空間」；將「閉塞空間」轉換成「開放空間」。

我認為，改變空間、整理居住環竟，人生自然就會朝著正面積極的方向發展。

「收納空間」愈多，愈容易堆放東西？

報紙的夾頁傳單中，經常可以看見住宅公寓和透天厝的求售廣告。因為斷捨離的要點在於整理居住環境，因此我也不經意會注意這些廣告。

宣傳販售物件的重點，不外乎隔間、坪數和所在位置等，但其中有一項特別讓我感到在意，就是許多物件都會以「具備寬敞的收納空間」做為賣點。

在這個物資充沛的時代，每個人都能擁有許多物品，因此，收納空間就顯得更加重要，而且需求有愈來愈擴大的傾向。

然而，即使擁有寬敞的收納空間，家裡就能整理得整潔舒適嗎？收納空間眞的能夠解決整理的煩惱嗎？

很可惜，答案是「不可能」。

收納空間愈寬敞，家裡堆積的物品就會愈多。

有了收納空間，就不再需要做出選擇或取捨，因此對物品需要性的敏感度也會逐漸變得遲鈍。而不選擇也不取捨，家裡的物品只會不斷增加。原本寬敞的收納空間，一下子就會塞滿，放不下的東西還會開始侵入居住空間。

有一對夫妻同爲背包客，曾經參加我的講座。他們一人背著一個後背包，在海外周遊列國已有四年之久。

旅途中，想必應該經歷嚴寒與酷暑。有時是陰雨紛紛；有時是狂風襲捲，當然有時天氣是風和日麗。

兩個人各自背了一個後背包，就可以渡過四年的生活。但是，後背包的容量有限，而且每個人可以負荷的重量也有限。在這些制限中，就必須嚴格選定需要的物品，更必須因時因地替換後背包的內容物。

然而，結束了四年的流浪生活之後，他們回歸定居生活，與物品的關係驟然一變。沒多久時間，家中就堆滿了東西。一旦脫離只有一個後背包的嚴格限制，原本的習慣宛如鐘擺一般，大幅地往反方向擺動。

事實正是如此，任何人都有保留物品的本能，無論何時都想儲存、保管東西。因此，收納空間愈寬敞，在不自覺且無意識之中，就愈是會堆積物品，導致無法收拾的下場。

東西多到收拾不了，並不是收納空間不夠多的關係。**更大的原因是沒有做好對物品的「總量管制」，因爲不做取捨與選擇，直到最後就是無法收拾**。

也許是因爲這樣，每次看到售屋廣告，醒目地打著標語強調「具備寬敞的收納空間！」，我總是苦笑地想著：「啊，這間房子裡有一個巨大的垃圾場。」

「皮包」裡總留不住錢的原因

皮包裡的內容物，顯示著每個人的性格。例如集點卡和折扣券，代表著「想得到好處」、「不願吃虧」，信用卡則可炫耀身分、展現地位……，上述種種，清楚訴說著每個人的心理狀態。

我們必須正視皮包裡的空間，與塞在裡面的廢物一一對話，同時重新審視自己的價值觀。

容我唐突地請問，各位的皮包是不是塞滿東西，鼓得不像話呢？

皮包裡有許多發票、收據、健保卡、集點卡、優惠券和折扣券……。就連一年使用不到幾次的圖書館借書證，都放在裡面，而且還有很多張銀行提款卡和信用卡。

因爲每次想到要用的時候都找不太到，所以才會全部收在皮包裡。有時候在商店裡結帳，因爲皮包太亂而找不到需要的東西，造成後面大排長龍而手忙腳亂的情況也是屢見不鮮。

皮包的空間本來就不大，有些人還會在裡面放進錢財以外的東西。

皮包就是金錢的家。

我們待在一個堆滿物品的家裡，會導致心情鬱悶。因爲在家裡也無法好好休養，只好硬是編個理由外出，到處閒晃也不願回家，在無意識中離家愈來愈遠。相對的，如果家裡環境舒適，每天自然就會迫不及待想回家。

這個道理也可以套用在錢財上。一個鼓脹雜亂的皮包，錢財待在裡面也會感到心情不好。既然心情不好，就不會想要長期待在裡面，而且也不願意回到皮包裡。

「錢財不會有自己的意識」，這麼說確實也沒錯。

但是，使用金錢、擁有皮包的我們，是擁有意識的人。**皮包的狀況代表著我們「是否重視金錢」**。

我不想成爲一個錙銖必較的人，而且希望自由自在使用金錢。這樣的態度，聽起來似乎和「重視金錢」的論點背道而馳，但實際上，正因爲重視錢金，才能達到經濟上的完全自由。

進入皮包的金錢，就像是來自己家裡拜訪的重要客人一樣，離開皮包的金錢，我們也必須像貴賓一樣恭送。

減少家裡的垃圾和廢物，才能創造擺放新物品的空間。物品能夠順利循環，住在裡面的人，心靈和身體才會健康。

同樣的道理，**把金錢的家（也就是皮包）整理乾淨，才能創造出流通管道，資金的循環也會更加活躍**。如此一來，我們也就不會一味地執著於金錢的去留。

健保卡只有去醫院的時候才放進皮包，信用卡只需要放最常用的一張，不要拿便利商店的集點卡。這麼做，就能讓皮包裡的空間變得舒適。

有些人會隨身攜帶幾十張商店贈送的集點卡，但我實在不懂集點可以得到的優惠，到底有什麼魅力？

集點確實可以獲得贈品，或是買東西可以享受折扣，這些都是集點的好處。話雖如此，多數人只顧著集點，卻從來不去了解能夠得到什麼贈品或優惠。

不知道優惠，只是一味地集點，有時候會爲了集點而購買不需要的商品。說得誇張一點，簡直就是活在點數的束縛之中。

而且，集點獲得的東西，都是一些廉價的贈品。

這些贈品，眞的是我們想要的東西嗎？是不可或缺的東西嗎？換取到的贈品，我們眞的喜歡嗎？「讓贈品左右自己的意識」，眞的無所謂嗎？選擇想要的東西，留下讓自己開心的東西，這樣的生活應該比較愉快吧？

小巧的皮包就像我們的家，裡面裝載了許多我們至今未曾察覺的感情。

皮包裡的內容，可能顯示出男性的度量狹小，以及女性的目光短淺。集點卡和折扣券，代表著「想得到好處」、「不想吃虧」，而信用卡則能夠用來炫耀身分、展現地位的東西……，皮包的內容物，訴說著那個人的心理狀態。

因此，我們必須正視皮包裡的空間，與塞在裡面的廢物一一對話，同時重新審視自己的價值觀。

「皮包的斷捨離」，是馬上就能開始的行動。如果各位一直無法整理居家環境，先從皮包做起，也是一個有效的開端。

男人的空間，打造能幹的男人

男人，也要擁有「美感」，人們對善於整理環境的刻板印象，總認為這是家事，孰不知整理與工作能力，關係深厚。

觀察一個人如何使用空間，以及所處環境的狀態，就能了解那個人的心理狀態。同樣條件的空間，因不同人的使用方式，空間的狀態也會改變。

例如，辦公室的桌面。有些人的辦公桌，經常整理、整頓，不會堆放不必要的廢物。另外一種人，辦公桌上總是堆滿文件和資料，讓人看了覺得：「這樣的桌面，哪有工作的空間？」

觀察男性的時候，只要看他的桌面，就能了解這個人的工作能力，而且準確度非常高。

簡單來說，**優秀且工作能力強的男人，工作環境肯定非常整潔。**

因爲，從桌面到桌子底下，還有抽屜裡，都只擺放需要的物品，就是一個人具備「取捨與選擇的能力」和「決斷力」的證明。因爲他們的腦袋裡有是有條不紊的狀態，所以不會做出無謂的行動，即使接到一件新工作，也能掌握事情的輕重緩急，確實安排工作進度。

另一方面，如果桌面雜亂不堪，代表一個人腦袋裡也是沒有條理，總是保持著混亂的狀態。桌面不整潔的人，通常都會短話長說，需要很長一段時間來整理思絮。

工作經常是重覆著「選擇與判斷」，連桌面這麼狹窄的空間，都無法做出「留下的選擇」與「捨棄的判斷」，在工作計畫中，面對各種複雜的人、事、物時，當然也不可能妥善處理。

再者，有些人習慣讓桌面維持著亂七八糟的狀態，用來表達「我的工作量很多，一直都很忙」。

在工作的過程中，確實會在桌面上堆滿各種資料。但是，這種情況只是暫時的現象，工作完成之後，就沒必要將文件擺放在桌面上。

說實話，在雜亂無章的桌面工作，根本無法掌握必要的東西放在哪裡，除了降低效率之外，不僅完全沒有任何幫助，反而只是妨礙注意力的集中。一片雜亂的桌面，只是展現處理能力低落，毫無判斷能力的證明。

甚至有些人，或許不想再承接更多工作，才會動起歪腦筋，故意讓桌面總是維持散亂的狀態，裝做很忙的模樣……。

桌面上文件堆積如山，以及抽屜裡塞滿了資料，從這些現象可以窺視一個人對工作的態度。

過去，某位參加講座的男性，因爲「無法丟棄文件」感到煩惱。他爲了在上司要求某項文件時，可以馬上拿得出來，就將數年分的文件，全都收在抽屜裡面。

我當時這麼問那名男性：

「你認爲依上司的要求，馬上拿出文件，就可以證明自己的工作能力？」

他稍微思考了一下，這麼回答：

「應該是這樣沒錯。」

接下來，我繼續說道：

「那麼，你的工作內容就是當上司要求時，馬上拿出文件嗎？所以你一直保管著數年前的文件，是不是代表你的工作，就是幫上司找文件？」

聽到我這麼說，他慌張地回答：

「不對，我的工作不是找文件，我要把文件全部丟掉。」

取悅上司，在某種意義上，也是工作的一部份。但是，如果只是一味在意上司的看法，卻忘記自己原本該做的事情，這根本是本末倒置。

不能擔起責任，無法當機立斷的男性，桌面永遠都堆滿東西。

男人，必須擁有「美學」，也就是了解情勢的重點，並且順利處理。因此，明確訂定自己應該做的事情，才能在面對所有事物時，做出精準的判斷。

爲了達到這個目的，應該先從整理身邊散亂的物品做起，讓頭腦保持清醒。

一般來說，人們對整理的印象，總認爲是一件家事，但其實整理與工作能力，也有深厚的關係。

女人的空間，孕育美麗的女人

女人必須具備「審美觀」。開心過日子，才能成為美麗又迷人的成熟女性。

買了新東西就要開心地使用，一旦發現沒有用的廢物，也請盡快丟棄。

女性埋頭於家事中，男性在社會上工作，這樣的傳統結構，正逐漸崩解。當今許多女性，也加入男性的行列，每天奮力工作，並且貢獻出輝煌的成果。

在職場上表現亮眼的女性，辦公桌一定整理得乾淨簡潔，自己的家裡應該也同樣整齊舒適……。這是我原本的想法。

然而，事實令我感到意外，許多社會地位極高，工作能力極強，在職場幹勁十足的女性，居住的地方卻亂成一團。沒錯，在我的經驗中，這種情況並不少見。

擁有社會地位的女性，應該具備「判

斷力」與「決斷力」。而且她們能夠與男性平起平坐，工作成果不相上下，下決定的能力一定十分優異才是。

在工作上，擁有精準的判斷力和適切的決斷力，應該能夠毫不迷惘地取捨與選擇物品，也不會爲了整理感到困擾。

照理說應該是這樣，但是她們仍舊來參加我的講座，到底是爲了整理什麼地方而苦惱？到底，她們身邊何處有東西堆積如山呢？

優秀的職業婦女，不知如何整理的場所，就是「自己的家」。

最近，整理高齡父母親的住家，是年輕人面臨的一個問題，但是這些職業婦女，在考慮父母親的住家之前，連自己住的地方都不知從何整理起。而且，她們苦惱的地方，不光只是餐具櫃櫃或是衣櫥這些特定的地方，而是整個家裡都雜亂不堪。

爲什麼連自己的家都無法整理？而且，竟然是整個家裡亂成一團？

原因在於，她們沒有把重心放在家中。在工作場所，也就是公司裡，她們隨處注意小節，但是回到生活的場所，也就是家裡時，就沒有多餘的心力再去整理。

在職場這個世界中，幾乎所有事物和制度，都是配合男性的生理構造來設計，世間還未創造出符合女性生理結構的制度。

因此，每天與男性爲伍，爲了貢獻優異的成果，女性的身體負擔自然非同小可。身體的勞動與精神的消耗，在無意間累積了相當強烈的疲勞。結果，理所當然使得女性結束一天的工作後，只能拖著疲憊的身體，一進家門倒頭就睡。沒有餘力整理家裡環境，對她們而言也是無可奈何的事情。

再者，這些職業婦女普遍擁有不錯的經濟能力，經常爲了「給努力工作的自己一點慰勞」，因而大肆購物。因爲購物對她們而言，是最容易消除壓力的方法。

如此一來，家裡的物品就一直增加。而且都是一些用不到的東西，也就是沒必要的廢物。她們無法選擇家裡眞正需要的東西，也無法控制家裡的東西持續增加，只能任由環境變得愈來愈雜亂。或許也可以說，她們對家中環境應有的「感性」，變得十分遲鈍。

即使在社會上獲得高度評價，但是自己居住的家中，卻是讓人慘不忍睹的狀態。要是有人看到家裡的情況，在外頭的名聲也會因此一落千丈……。

在散亂無章的家裡生活，心理上的疲勞持續累積，再加上害怕他人發現居家環境的不堪。於是，這些女性在公司與家庭之間，一直處於難以取得平衡的狀態，因而無法得到自我肯定的感覺，並爲此感到痛苦。

面對這些女性，首先我會這麼說：

「妳們一直專注在工作上，所以無暇顧及自己的歸宿吧？」

在表達體恤她們的處境之後，我又接著說：

「不管是工作場合，或者是住在家裡，妳們都是同一個人。」

家裡不單只是睡覺的地方，也是療癒自己、慰勞自己的場所。讓自己住在一個雜亂無章的環境，等於是自貶身價。不管外出時，身上穿著再名貴的服飾，家裡如此散亂，心裡怎麼樣也不會感到滿足。

經過我的提示，她們很快就大刀闊斧丟棄不要的廢物。不停丟棄、不停丟棄，把一切都丟棄，但是其中還是有人把所有東西丟光之後，又開始不知節制地亂買。

或許有些人認爲，又買一堆東西，等於是「故態復萌」，但我覺得這也無妨。因爲，斷捨離的目的並不只是一味要求人們丟棄。

更重要的一點是避免堆積物品，如此一來就能取回感性，在整潔清爽的空間裡舒適地過生活。

買了新東西就要開心地使用，一旦發現沒有用的廢物，也請盡快丟棄。

只要保持新陳代謝不斷循環，即使再買新東西，也不會讓家裡形成物品堆積如山，氣氛淤塞的空間。

女人必須具備「審美觀」。琢磨自己的感性，開心地過日子，才能成爲一名美麗又迷人的成熟女性。

Chapter 3

斷捨離
就是「減法」的真實版

· 看從「加法」轉換為「減法」
· 「感覺浪費」才是真的浪費
· 重要的軸心是「自己」，時間的軸心是「現在」
· 掌握「要、適、快」原則來收納物品
· 替換身邊的物品＝改變「自我形象」
· 留戀「過去」，迷惘「未來」，認清「現在」
· 「留著不用」等於「隨便亂丟」
· 「確認關係」不可或缺的條件？
· 超市選購面紙，磨練感知能力
· 透過擁有的東西，提升自我價值
· 自我思考，親身感受
· 斷捨離沒有終點！

從「加法」轉換為「減法」

只要能獲得「從容的空間」、「從容的時間」和「從容的體力」。有了充沛的空間、時間和體力，自然就會產生「從容的心情」，同時也能取回決斷力和感性。

一直不丟棄物品，同時不斷購買新東西，最後將會埋沒在一堆雜物當中，這個道理應該不言而喻。然而，即使看似淺顯易懂，但我們卻又似懂非懂。

過去由於缺乏物資，「加法」能夠帶給我們優渥的生活。目前我們生活的現代社會，就是藉由加法，一點一滴構築而成。

然而，現今已是大量物資氾濫的時代，幾乎沒有人會陷入缺乏物資可用的情況，但人們心裡仍舊存在著加法邏輯，反而造成物資過剩的現狀。

爲了追求生活上的富足，不斷實踐加法思維的結果，男人對物品緊抓不放，導致「決斷力」降低；女人將東西堆積如山，使得「感性」遲鈍。

在大量的物品包圍中，人們失去自我，擁有的空間、時間與體力，都被物品吸取、奪走，甚至失去「從容不迫」的能力。

那麼，當我們埋沒在物品之中，失去自我之時，該如何改變眼前的環境呢？

答案其實非常簡單。

立刻擺脫「加法」的邏輯，轉換成「減法」來思考。

第一章我提過，斷捨離的起源，是瑜珈的斷行、捨行、離行這三項實踐哲學。從「斷」、「捨」、「離」三個字來看，相信各位也能體會得到，全都是代表減法的義涵。

斷絕物品、捨棄物品、離開物品。

抱持減法的觀點、利用減法來思考、實踐減法的行動。

如此一來，就能找回自我，重新擁有一顆「從容的心」，生活也將更加愉快舒適，這就是斷捨離的神奇作用。

減法這個詞彙，從字面上來看，或許會讓人有些負面印象。但是，透過減法思維來捨棄廢物後，一定能夠獲得彌補。

所謂的彌補，就是遭到東西佔據的空間、管理東西所需的時間及整理東西消耗的體力。

換句話說，就是我們能獲得「從容的空間」、「從容的時間」和「從容的體力」。有了充沛的空間、時間和體力，自然就會產生「從容的心情」，同時也能取回決斷力和感性。

活在「以東西為主角」的想法中

只要捨棄物品，就能獲得從容。即使知道這個道理，爲什麼我們仍舊難以割捨？

原因在於，我們的判斷基準出了極大的問題。

在此我以參加講座的一對夫婦來說明。

當時這對夫婦正計畫購入新居，因爲家裡東西太多，老家已經放不下，他們才打算搬到更寬敞的房子。

於是，夫婦兩人利用週末的時間，到處參觀展示屋。最近的住宅，全都號稱具備大量收納空間，對多數人而言的確是魅力十足的賣點。

但是，當他們參加講座之後才發現，原來搬家並不是爲了自己或家人，而是爲了找地方放東西，才決定買新的房子。

「重點不是房子太小，而是東西太多。」

總而言之，這對夫婦體會到自己的居住空間，已經遭到無關緊要、不值得保留的廢物給奪走。

其實現代夫妻有很多人都樣他們這樣，生活的重心竟是「以東西爲主角」。

使用物品的主體，應該是我們。然而，一些「還可以用」和「丟掉太可惜」的物品，將我們團團圍住，結果造成兩者關係逆轉，應屬於自己的空間，被物品佔據，就連心情都受到支配。

「各位覺得自己適合在倉庫裡渡過一生嗎？或者覺得生活在垃圾場裡也無妨？」

每一次我在講座提出這個問題，幾乎所有人都會發現，家裡就像一座座衣櫥堆積起來的山谷，裡面塞滿沒在穿的衣服，只留下狹窄的生活空間裡。或者是不會再看第二遍的書籍與雜誌，把家裡擠得水洩不通，自己就在裡面苟延殘喘。住家變成廢品的棲所，而我們自己把主角的位置讓給了物品。

現在，世間充滿品質良好，能夠長久使用的物品。還有免費的贈品，也不斷侵入我們的居所。如果不下意識丟棄的話，這些東西就會不斷增加。最後就像先前提到的夫婦一樣，為了找地方放東西而搬家。甚至貸款來換新房子，結果只是擴大「倉庫」或「垃圾場」的空間。

爲了避免發生這種事情，最重要的一點就是，放棄「以東西爲主角的想法」，不要再覺得「丟掉太可惜」或「還可以用」。

減少擁有的東西，便可成爲精明幹練的男人。

選擇必要的東西，自能成爲萬中選一的女人。

放棄多餘的物品，讓生活得更加輕鬆寫意，最重要的原則，就是「不再以東西爲主角」。

「感覺浪費」才是真的浪費

對於自己的人生而言，最需要珍惜的東西是什麼？

試著再一次思考這個問題，我想各位會發現，到目前為止以「收納」的方式，保管、保存、放置物品的做法，其實打從根本就是一種錯誤。

「不能浪費」這句話，是重視物品的精神。不浪費是日本人的美德，也是凌駕一切的正義。「不能浪費」的確是值得稱讚的價值觀，但是如果弄錯這句話的眞正意義，恐怕會陷入更加浪費的狀況。

「不能浪費」其實有兩個意思。

首先，因爲愛惜物品，抱持著珍惜使用的心情，從中衍生出來的「不能浪費」。另一個意思，就是對於還能用的物品，卻還沒派上用場的狀態，產生「不能浪費」的想法。

後者所說的「不能浪費」，其實是內心深處，對於自己無法善用某件物品，進而產生的「後悔」。

如果因爲一直沒使用，使得心裡覺得浪費的感覺，只要把那樣物品拿出來使用，就不會浪費。然而，在這種情況下，人們通常還是不捨得使用，到最後還是不得不丟棄。這時心裡的後悔，就化成一句正氣凜然的「不能浪費」，把自己無法割捨的心情正當化。

「捨棄」這個行爲，確實會讓人感到心痛無比，而且往往令我們飽嘗後悔的滋味。此時，搬出「不能浪費」這句話，就可以說服自己，將不捨得丟棄的行爲正當化，心情也會因此輕鬆許多。

然而，爲了逃避後悔的心情，**緊緊抱住無用的物品，等於珍藏垃圾和廢物一樣**。

不管是多麼高價的東西也好，無論是多麼稀有的物品也好，平常沒有使用卻仍然留在身邊，最後甚至不記得擁有的話，這些東西就跟垃圾沒有兩樣。在看到的瞬間，才想起那是「高價」且「稀有」的物品，實際上的存在價值，等同於垃圾和廢物。

簡單來說，上述這些東西的本質就是垃圾，差別只在於我們將之丟到垃圾處理場，或是收藏在家裡的壁櫥和衣櫃而已。

處在一個四周都是垃圾的環境裡，沒有人可以生活得舒適愉快。擁有大量的垃圾，也沒有人會感到幸福。

話雖如此，我們卻只因爲「還可以用，丟掉就太浪費」，就拼命把沒有用的廢物留在身邊，讓自己每天過得精疲力盡。

各位難道不覺得，爲了這些沒用的垃圾和廢物，耗費自己的空間、時間和體力，才是件更浪費的事情嗎？

「東西」所造成的損失……

我們經常因爲誤解「不能浪費」這句話的意義，失去空間、花費時間、消耗體力。

把沒有用的廢物留在身邊，將使得我們失去內心應有的從容，結果一直生活在「狹窄」、「忙碌」、「疲勞」之中，這才是最浪費的下場。

一旦擁有許多東西之後，就容易重覆逃避決定和維持現狀的情況。

以居酒屋的菜單爲例，如果店家提供琳瑯滿目的料理，我們最後會選擇「店長推薦」或「最受歡迎」的菜色，反而選不出自己最想吃東西。

然而，如果是一家只提供「松」、「竹」、「梅」三種套餐的店家，我們就很自然知道自己想吃「梅」或是「竹」。

總之，**緊緊擁抱物品直到堆積如山，這時就會陷入逃避做決定、只求維持現狀的窘境，人生也就順勢埋沒在這堆廢物中。**

人生在世的目的，並不是爲了「不停整理」。整理只是一種讓人生過得更舒適，讓心情更輕鬆的方法。

對於自己的人生而言，最需要珍惜的東西是什麼？

試著再一次思考這個問題，我想各位會發現，到目前爲止以「收納」的方式，保管、保存、放置物品的做法，其實打從根本就是一種錯誤。

沒有甚麼是「無法捨棄」的！

許多人經常說：「無法捨棄。」

「無法捨棄」這樣的想法，是因爲「想捨棄」的心情，比不上「不想捨棄」的念頭。即使腦中想著：「必須捨棄。」但心裡卻執著於「不想捨棄」，兩者形成天人交戰。

這個時候，**我們也不需要強迫自己扔東西，且先聽聽心裡「不想捨棄」的聲音**。

人類的心情，經常處於複雜又麻煩的狀況。有時候，當我們覺得束手無策，只要有人願意傾聽，心情就會變得輕鬆許多。只要正視並接受「不想捨棄」這個想法，心裡深處某種執著的念頭，也會隨之化解開來。

如果眞的不想捨棄，沒有必要勉強自己一定要丟棄。即使現在無法捨棄，等到心情沉澱下來，再做決定也不遲。

或許在知道不想捨棄的原因後，會發覺對這件東西抱持著「不想捨棄」的想法，其實相當愚蠢，進而轉變心境，覺得「捨棄了也無妨」。

無論如何，我們不需要爲了「無法捨棄」來責備自己。因爲斷捨離本來就不是一種與生俱來的能力，而是需要經過訓練的高度技巧。

再者，斷捨離也不是忍耐力的競賽，更不是較量誰擁有的東西比較少。斷捨離是一項技術，利用放棄物品，讓我們的生活更加輕鬆愉快。每當丟棄一件物品，雖然總會伴隨痛苦，但是根本上還是一件開心的事情，同時也伴隨著痛快的感覺。

這世上沒有「無法捨棄」的東西，端看擁有者是否願意捨棄。

最後下定決心的人，還是我們自己。到底要丟棄還是留下，各位可以自由選擇。

重要的軸心是「自己」，時間的軸心是「現在」

重要的軸心是「自己」，必須弄清楚每一件物品，是否能在我們的生活中，充份發揮功能。

挑選能夠留在身邊的物品，最重要的基準就是「現在」。所以時間的軸心，應該設定為「現在」。

所有物品，只有在我們以自己爲主體，經常使用的情況下，才能帶來充實的生活，也才能讓我們感到幸福。

那麼，在挑選留在身邊的物品時，應該如何訂定基準？

利用斷捨離來選擇物品時，有兩項基準。

1. 重要的軸心是「自己」

2. 時間的軸心是「現在」

接下來，就讓我針對這兩項基準，詳加說明。

重要的軸心是「自己」

一間房子，應該是爲了住在裡面的人而存在，但曾幾何時，人卻變得不再重要，物品反而成爲主角。日常生活中，我們很容易不知不覺陷入上述的處境。

一旦以物品爲軸心，完全聚焦在物品上，就無法放棄任何東西。家裡的廢物也就持續增加，居住環境當中，逐漸變成以物爲主的空間。

因爲大部份的物品，保存的時間都比我們的壽命還長。

因此，以「自己」做爲基準，挑選留在身邊的物品，是一件極爲重要的事情。

重要的軸心是「自己」，必須弄清楚每一件物品，是否能在我們的生活中，充份發揮功能。

選擇物品的時候，不應該在乎那件物品是什麼，也不必在乎物品的狀態，更重要的是我們有沒有使用該物品，留下那件物品，會不會讓我們心情愉快。

總而言之，經過深思熟慮後，才能洞悉物品在生活中是否發揮應有的功用，而不是處於毫無用處的狀態。

舉例來說，有一件東西對我們明明沒有價值，只因爲是「別人送的禮物」而不願捨棄。或是自己並不怎麼喜歡，只因爲是「高價的名牌貨」，就覺得太可惜而不願丟棄。

這樣的情況，就是聚焦在「物品」，忽略「自己」的結果。

就算是「還可以用的東西」，只要「自己沒在使用」，就沒有留下來的意義。即使是「昂貴的東西」，只要「自己不喜歡」，就是沒有價值的廢物。

不管是誰送的東西，無論是多麼高價的物品，只要身邊圍繞著沒必要的廢物，或是自己不喜歡的東西，就等於生活在物品的支配中。不喜歡的東西，在不知不覺當中，會轉化成一股「噪音」的來源，對我們內心造成壓力。

再怎麼有價值的商品，如果對我們而言沒有價值的話，就是毫無關係的物品，也是「不需要的東西」。**在斷捨離的概念裡，「與自己無關」**

的東西形同垃圾和廢物一般。

生活的主角不是物品，歸根究柢，還是應該以自己爲中心。

時間的軸心是「現在」

人類在丟棄還能使用的東西時，心裡會產生罪惡感。

爲了逃避罪惡感及後悔的心情，我們就會利用「不能浪費」這句話，讓人難以反駁，再配合「總有一天」、「最近」這種推拖之詞，組合出來的說法正如：

「就算現在沒有使用，『總有一天』也會用得到。」

「現在雖然沒有需要，或許『最近』就會需要。」

這兩句話，其實只是因爲不願放手、不願捨棄，用來逃避決定的藉口。

但是，幾乎在所有的情況下，現在沒有使用的東西，就不可能變得

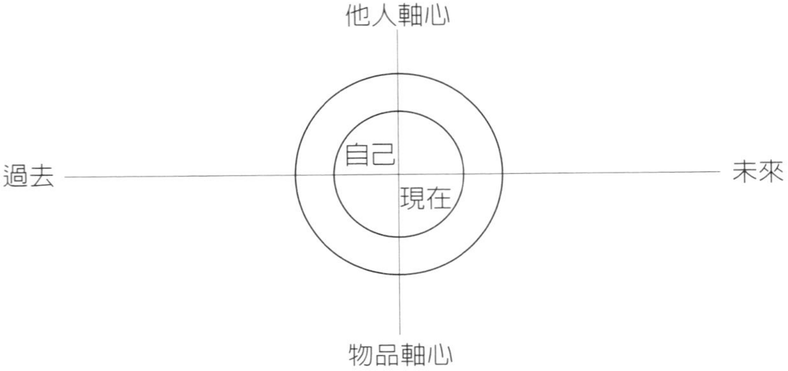

對自己而言的「需要、適當、快樂」，會隨著時間經過而產生變化。

「總有一天」用得到。現在不需要的物品，「最近」也不可能會需要。

挑選能夠留在身邊的物品，最重要的基準就是「現在」。時間的軸心，應該設定爲「現在」。

爲了「總有一天」和「最近」，把東西儲存起來，就算「總有一天」和「最近」眞的來臨，我們也沒把握記得把東西收到哪裡。不對，應該說，我們一定會忘記東西放在什麼地方。

「總有一天」眞的想使用，到

那個時候再想辦法就好。「最近」眞的有需要，屆時一定會有替代方案。

重要的軸心是「自己」，時間的軸心是「現在」。

這兩句話是斷捨離的鐵則。不論男性或女性，全都適用這兩項基準。

以「現在的自己」做爲基準，重新思考、架設物品與自己的關係。

如此一來，不需要深思也能知道，原本以爲「總有一天」和「最近」會用到的東西，其實就是「完全沒有預定要使用的東西」，或許可以說根本是「已經沒有用的廢物」。

絶口不提「總有一天」和「最近」

事實上，我也曾經受到「總有一天」和「最近」這兩個推拖之詞所迷惑。想到自己竟然如此滑稽，如今也只能苦笑以對。

事情是這樣的，很久以前，我購買了一套英語會話教材。

當時，我一心想提升英語能力，於是花了大筆金錢買下一套教材。因為年代久遠，購買的教材是令人懷念的錄音帶。

一開始買下時，我確實非常認真，只要有時間就聽那些教材。但是很遺憾，我並不是一個對於學習能夠持之以恒的人。漸漸地就愈來愈少使用那些英語教材，久而久之，那些教材就堆在房間角落積灰塵。

對我而言，那堆英語會話錄音帶，就成為「自己不認眞」的證據。每次看到就覺得礙眼，心情也為之鬱悶起來。

另一方面，受到「價格昂貴」和「不能浪費」的心情影響，總讓我對於捨棄那些教材感到一股愧疚。

於是我心想：

「遲早『總有一天』，等到有時間，我可能還會想學習。」

「我『最近』應該會再提起勁來學習。」

就這樣利用這兩句推拖之詞，把那些教材收進壁櫥裡。

當然，之後我從來沒有在某一天，突然心血來潮又想學習英語。而收進壁櫥裡的錄音帶，也就不曾重見天日。

過了很長一段時間，就在完全遺忘那套英語教材的某一天，我在壁櫥裡發現大量的講義和錄音帶。

隨著科技演進，家裡早就沒有錄音機。既然連播放裝置都沒有，即使我想聽那些錄音帶，也不可能如願。因爲我一再拖延，物品本身也都被時代給淘汰掉了。

到了這個時候，我也只能把那些教材都丟掉。

找到理由可以丟棄，讓我心裡鬆了一口氣，但相對地，對於自己在名正言順捨棄之前，一直把教材儲藏起來這樣的行爲，我也感到十分羞愧。

決定丟棄的當下，我深刻察覺到，自己是爲了隱藏不認眞學習的個性，才會把那些教材收進壁櫥裡。

雖然只是不自覺的行爲，但是一直隱藏著某件事實，其實需要花費許多心力。像我這樣無端耗廢心力、消磨精神，就結論來說，稱不上是一件好事。再者，這些東西也理所當然佔據了不少空間。

習慣使用「總有一天」和「最近」這兩句推拖之詞，結果只會消耗精神和體力，徒然浪費家裡的空間。

掌握「要、適、快」原則來收納物品

找到對現在的自己而言「必要的東西」、「適合的東西」和「讓自己心情好轉的東西」，只要養成這個習慣，就可以不再受到「不能浪費，所以不能丟掉」這句話的束縛。

實踐斷捨離來挑選留下的物品時，兩大基準就是「現在」和「自己」，同時也是絕對不能違背的原則。

我們可以用「現在的自己」做爲衡量基準，透過以下三個問題，挑選出留在身邊的物品。

1. 這件物品是否必要（要、不要）
2. 這件物品是否適合（適、不適）
3. 這件物品是否讓我感到快樂（快、不快）

實踐這三個步驟的要點，並非要突**然選出「要、適、快」的物品，而是依序由「不要、不適、不快」來刪除，藉此詢問自己與物品間的關係。**

也就是說，首先捨棄對於現在的自己「沒有用的東西（不要）」，接著再去除「不適合的東西（不適）」，最後才是刪掉「不喜歡的東西（不快）」。

透過這三個步驟，可以找到對現在的自己而言「必要的東西」、「適合的東西」和「讓自己心情好轉的東西」，簡單來說，就是集中挑選出「要、適、快」的物品。

希望各位在面對物品時，保持思考「要、適、快」的習慣。只要養成這個習慣，就可以不再受到「不能浪費，所以不能丟掉」這句話的束縛。

由東西描繪出來的「自我形象」

對於「現在的自己」來說，什麼東西才是「要、適、快」？

為了釐清這一點，最重要的事情，就是先了解「自己是什麼人」。

從結果說起，所謂「自己」，其實是別人對我們的印象。

人與人相處時，總會在無意識間評論他人。例如：「那個人的個性就是這樣，所以你送他這個禮物，他一定會很高興。」

這就是既定印象的標籤，把每個人分類後，就比較容易分辨，在社會生活中也不易造成混亂。而且這麼做，可以減少腦袋運作，減少能量的消耗。

相同的行爲，我們也會套用在自己身上，這就是所謂的**「自我形象」（Self image）**。**我們每個人都在無意識地遵循著自我形象，不斷爲自己選擇物品，並且要求自己接受它們。**

接下來，就以這樣的觀點，重新審視自己身邊的東西。

假設，朋友送了一個便利商店集點獲得的馬克杯，而各位正在使用那個杯子。此時，朋友這麼說：

「我覺得這個杯子很適合你，所以才送給你。」

聽到這句話，各位心裡有什麼想法呢？這個禮物讓各位感到開心嗎？或者是覺得對方很失禮呢？

再假設，各位正在使用某家廠商贈送的便宜玻璃杯，上面還印有該公司的商標。旁人看到後這麼說：

「這個杯子眞適合你。」

各位想了有什麼感想呢？同意對方說的話嗎？或是覺得這個玩笑開得太過火而感到氣憤？

是的，接下來我們要說的事情，就是檢視身邊每一件物品，如果聽到別人說「這件東西很適合你」的時候，心裡會有什麼想法。

我想各位應該已經知道，如果聽到別人這麼說，心裡浮現負面的情緒，就代表這些物品，每一天都在貶低我們自己的身價。而且每一天，我們都會因爲在意他人評價，持續感到不愉快。

但是，這種感覺會日漸痲痺。

我是否適合使用這種贈品？

我適合使用這種便宜貨嗎？

我是不是非常喜歡這種贈品？

我是不是非常喜歡這種便宜貨？

如果以上的問題，各位都回答「是」的話，那也無所謂。

但是，對於成年女性的自我形象，以及成年男性的自我形象來說，使用這樣的東西，就顯得有些不恰當。不對，應該說，這樣的選擇太過於不得體。

因爲，各位應該適合使用更高級的物品，提升隨身物品的等級，更加用心來款待自己，才是成年人應有的待遇。自我形象總是在無意識中形成，我們沒有必要刻意去加以限制。

因此，**請各位用心斟酌自己日常慣用的物品，嚴格選擇日常用品**。如此一來，各位就能在無意識間，提升自我形象。

自我形象，代表自己與自己的關係。而這一層關係，勢必會反應在與他人的人際關係之上。

是的，透過精挑細選，精煉出自我形象，可以讓各位脫胎換骨，成爲他人喜歡樂於結交的對象。

替換身邊的物品＝改變「自我形象」

每個人都是透過自我形象，生存在這個世上，而自我形象會隨著替換物品，整理環境等行為來提升。始終保持無意識、不自覺的心態，只會有損自我形象，降低我們的評價。

爲了加深各位對「自我形象」的了解，本節我再補充說明。

自我形象，就是每個人貼在自己身上的標籤。即使這張標籤是我們在無意識、不自覺中貼上，但是自我形象卻具有極大的力量，足以左右人生。

因爲，我們都是透過自然形成的自我形象，生活在這個世上。

舉例來說，擁有「開朗樂觀」的自我形象，生活態度自然就會開朗又樂觀。相對地，如果養成「陰沉死板」的自我形象，生活態度也就會陰沉而死板。

另外，對自我形象要求較高的人，受到他人讚美時，會坦率地接受，同時也會毫不遲疑，去吸收最新流行文化。另一方面，對自我形象要求較低的人，受到稱讚時，總會自卑地認爲那只是他人的恭維之詞，穿著打扮也會選擇不起眼又樸素的服飾。

然而，有一點不得不注意，就是自我形象並沒有絕對性的根據，只是每個人依據生長環境及過去的經驗，或是他人的評語，自然而然殘留在心裡，進而控制我們的想法。而且，這些無憑無據卻深植於內心的影響，將成爲決定我們行動和思考的一大關鍵。

刻意貶低自己擁有的自我形象，既沒有任何實值幫助，生活也不會因此更愉快。倒不如改變這張標籤，換一個較爲正面的自我形象，對我們的人生更有實質上的意義。

每個人對自我形象都不會有具體的感受，更沒有任何客觀根據可以依循。

那麼，該怎麼做才能改變自我形象呢？

首先必須了解，自我形象的形成，主要是受到環境影響。

因此，**透過替換使用的物品就能改變自我形象，改善住家環境，也會對我們外顯的印象產生變化**。

例如說，倘若不想給他人「專用便宜貨」的印象，就把家裡的「廉價物品」全部丟掉，選擇高品質的日常用品，如此一來便能提高自我形象。

話雖如此，改變自我形象的第一步，還是必須先對自己的自我形象有所認識。任何事情，如果不先了解現況的話，就不可能加以改善。

正視自己擁有的物品，就能知道自己加諸於物品上的感情，也會對自我形象有更深入的認知。接著，再找出自我形象中的問題，替換掉會降低自身評價的物品即可。

每個人都是透過自我形象，生存在這個世上，而自我形象會隨著替換物品，整理環境等行爲來提升。

一直保持無意識、不自覺的心態，只會有損自我形象，降低我們的評價。

試問各位，希望用什麼樣的形象渡過一生呢？

留戀「過去」，迷惘「未來」，認清「現在」

實踐斷捨離有一個關鍵點，你必須對「現在」的感受更敏銳、更明確。畢竟對自己來說，如何過日子才是最重要的事情。

「現在」，自己的模樣，是由「過去」累積的結果；「現在」，自己的模樣，將由「未來」繼續傳承。

的確，這麼說或許有幾分道理。

然而我認爲，**如何定義過去發生的事情，其實是由現在的自己來決定。如何開拓未來的走向，也是由現在的自己來主導。**

只要現在感到幸福，過去再怎麼辛苦，所有回憶都包裹在「現在的幸福」這層薄膜中；只要現在感到幸福，未來再怎麼不明確，一切想像都覆蓋在「現在的幸福」這片蟬翼下。

反之亦然，倘若現在感到不幸，當

我們在回顧過去、思索未來之時，同樣也隔著一張輕薄透明的玻璃紙，名爲「現在的不幸」。

因爲我們思考中的過去與未來，總是飄渺不定、來來去去且徬徨不定，如浮雲一般。

或許正因如此，我們才會執著於有形的物品。

過去視爲不可或缺、愛不釋手，並且深深吸引我們的東西，如果至今仍原封不動擺在眼前，就代表我們對於當下毫無自覺。

再者，倘若我們一直認爲，將過去殘留的物品保存下來，或許近日內還有可能用得到，就等於對未來置之不理，只是埋沒在無用的廢物之中。

即使物品「原封不動」，亦即「維持現狀」，其實並不是眞正保持原本的模樣。因爲我們身邊的狀況變化無常，而物品永遠只是停滯不前的象徵。

爲了避免身邊總是塞滿停滯的物品，我們必須隨時修正時間軸的偏

差，以更敏銳的思緒來面對「現在」。

透過物品，認清「現在」

斷捨離的實踐過程，是利用「現在的自己」做為衡量標準，讓我們重新審視與物品之間的關係，去除「不要、不適、不快」。

實踐斷捨離最重要的一點是，必須對「現在」的感受更敏銳、更明確。人生總是變化無常，但我們卻經常維持一成不變的生活型態。

我能理解，每個人都希望永遠停留在過去愉快的生活回憶中，但隨著時間經過，身邊的狀況理所當然會產生變化。若是不謹慎思索「對現在的自己而言，什麼是必要的東西，什麼東西適合我們，能帶來喜悅」，不知不覺中，就會緊緊抱著無用的廢物，難以捨棄。

如此一來，**在最糟的情況下，我們將無法適應「現在」，內心將持續被「過去」束縛**。

現在這段時間，是每一刻累積下來的成果。唯有珍惜現在，用心過生活，才能爲下一刻嶄新的「現在」，帶來更美好的時光。

但是，如果沒有用心面對現在這段時間，我們會變成什麼模樣？心裡一直掛念著過去，未來又將何去何從？

無論客觀的狀況看起來如何，當一個人心裡掛念過去，就只能活在過去，無法因應現在的變化。

各位難道不覺得，這樣的人生只是虛渡光陰嗎？

如果各位能夠集中精神，專注於「現在」的話……。一定不會覺得現在「無聊」，也不會一直覺得「生活索然無味」、「過去比較好」，並且能夠滿懷希望，「拼命活出精彩的今天」。

是否該把重點放在過去，或是聚焦於現在？

各位認爲，哪一種生活方式，才是有價值的人生？

人們只要稍不小心，就很容易把心遺留在過去。

匆匆忙忙渡過每一天，有些人會覺得：「一回過神，五年、十年的時間好像轉眼就過去了。」

同時人們也經常爲了沒有把握適當的時機，做出正確的抉擇而後悔。

我們經常懊悔地說：「早知道，那個時候就應該這麼做。」面對瞬息萬變的世界，心裡總是只殘留著後悔。

這樣的行爲，等於一直活在過去。而且，心存後悔只會產生下一個令人後悔的結局，各位認爲不是嗎？

我們身邊充滿著「過去曾經使用，但現在已不需要的東西」，以及「過去視爲珍寶，但現在不再那麼重要的東西」。

「現在的自己」需要這個物品嗎？

「現在的自己」適合這個物品嗎？

「現在的自己」喜歡這個物品嗎？

如上所述，我們應該以「現在的自己」爲基準，重新審視與物品的關係，確認「要、適、快」三大原則。正視自己的內心，思考以下問題。

現在，我應該怎麼做才好？

對自己而言，如何過日子才是最重要的事情。

與物品促膝長談，透過物品來認識「現在」，才能珍惜活在世上每一刻無可取代的瞬間，留下閃耀的人生記錄。

Chapter 3

斷捨離
就是「減法」的真實版

「留著不用」等於「隨便亂丟」

切記勿讓物品處於「收藏＝閒置」的狀態，定期檢視自己與物品間的關係，才能清點我們擁有的物品，進而活用，展現你對自我形象的一份重視。

每一次獲得新東西，總是最開心的時刻。買了一件新東西，內心總會充滿期待、興奮不已，但隨著時間經過，激動的情緒也會逐漸趨緩。

曾是精心挑選的物品，過了數年之後，也會變得不需要、不適合、不喜歡。甚至於或許只要三天，這樣物品就會讓我們感到不要、不適與不快。

因此，我們必須經常審視與物品的關係。

把物品「收藏起來」，看似是重視這樣東西，但實際上，這與「隨便亂丟」並無多大區別。

因爲「收藏起來」，就不能活用物

品。「收藏起來」這個行為的關鍵，在於「收藏＝閒置」，因此，實際上的意義與「隨便亂丟」完全相同。

頻繁地重新思索與物品間的關係，清點身邊擁有的物品，丟棄與我們毫無關係的物品，這麼做就能活用所有物品。

「活用」物品與「清點」物品，其實是相輔相成的工作。

經常使用的物品才需要清點，清點過後，才知道哪些物品還能使用。沒有使用的物品，連放在哪裡都不知道，當然也就無法清點。

萬一，有些物品未經清點，我們就拿出來使用的話，會造成什麼樣的後果呢……？

舉例來說，我們可能因為沒有事先清點，就穿了一雙破爛的鞋子出門，這代表我們根本不在意自己的形象。

千萬不要讓物品處於「收藏＝閒置」的狀態，經常檢視與物品間的關係，才能清點我們擁有的物品，進而活用物品，展現出對自我形象的重視。

「確認關係」不可或缺的條件？

決定未來，言下之意是「接下來，想過什麼樣的生活」，也就是「想成為什麼樣的人」。

而整理就是「確認關係」，在確認人生應有的模樣之後，才能找到今後依循的方向。

「以最眞實的意義來說，在自己的人生之中，『確認關係』不可或缺的條件是什麼？」這個問題，我可以毫不猶豫回答，就是整理「人際關係」。

與雙親的關係。

夫妻、戀人之間的伴侶關係。

朋友、夥伴、同事、上司、下屬之間的關係。

是的，人際關係的種類非常多。但是，其中有一段關係斬也斬不斷，而且影響我們的人生非常深遠，就是與雙親的關係。

因爲，我們在無意識之中，自幼便耳濡目染受到雙親的價值觀影響。日後在判斷他人的時候，有很大的可能不是依自己的思考爲據，而是依循雙親的觀點。

雙親喜歡的友人和不喜歡的友人；雙親喜歡的對象和不喜歡的對象，這些都是根據雙親自身的價値觀爲基礎的判斷標準。

小時候，我們就時常聽到雙親這麼說：「不可以跟那個孩子一起玩」或「可以邀請那個孩子到家裡做客」，成年之後，就連選擇結婚對象，也必須在意雙親的反應。

有一名來參加講座的女性，在二十幾歲的時候，因爲母親說了一句話：「沒想到妳竟然想跟那種人結婚。」放棄了當時的結婚對象，結果後來一直到了四十歲，仍舊維持單身。

回歸正題，繼續說明「確認關係」。

接下來，以另一名斷捨離實踐者做爲實例。

有一名女性已經離婚四年，過去前夫使用的大衣櫥，仍然擺放在臥房裡，佔據相當大的空間。

照理說，前夫的衣櫥應該充滿不愉快的回憶，但是她卻一直將這座衣櫥擺在臥房內。直到開始實踐斷捨離，這名女性才察覺到，這件事情簡直是匪夷所思。

這座衣櫥，在與前夫一同生活時，就一直擺在房內。現在重新細數裡面的東西，全部都是前夫的衣物。歷經如暴風雨般的離婚遽變後，家裡除了這座衣櫥以外，所有前夫的東西都已經處份掉了，爲什麼唯獨這座衣櫥還留在臥房內？

這位女性在驚訝之餘，想起了某件往事。

就是她老家的雙親。

事實上，四年前當她離婚的時候，雙親一直向親戚朋友及鄰居隱藏這件事。對於雙親而言，女兒離婚是一件非常羞恥的事情。

「離婚是多麼丟臉的事情，絕對不能讓外面的人知道。」

這是她的雙親心裡的想法。總而言之，雙親對外絕口不提女兒離婚一事。

而她自己心裡應該也順從雙親這樣的態度，因爲她一直覺得自己是個背叛了雙親期待的女兒。

將前夫的衣櫥留在家中，是因爲巨大的衣櫥彷彿前夫的代替品，可以讓她假裝婚姻生活至今仍未結束。

是的，留下前夫的衣櫥，目的只是爲了逃避離婚這項事實。同時也用來掩飾雙親的失望，以及自己讓雙親失望而產生的懊悔，更大的作用是遮蔽心中的傷痕。而且這一切行爲，全都發生在當事人無意識及不自覺之中。

直到發現自己一直逃避的那一刻，她馬上實踐斷捨離，將前夫的大衣櫥丟棄。回想起四年前，離婚這個決定，是爲了讓自己更加幸福的選擇與判斷，從此後應該活出自己的人生。同時也改變心態，不能再因爲對雙親有所忌憚而委屈自己。

對這名女性而言，這就是人生中，眞正的「確認關係」。

整理物品的同時，才能確認人生的關係。

確認人生的關係，方可開始整理物品。

這兩件事情，並沒有優先順序，應該同時進行，並且相輔相成。

詢問物品與自己的關係，才能下定決心「動手整理」。

與物品面對面，詢問彼此關係時，第一個問題就是「對現在的自己而言，這件東西是必要或不必要」。

然而，劃出「要、不要」的界線，其實與今後的**「人生願景」**有很大的關係。這項因果關係，我們可能都沒有察覺到。

以「現在的自己是否需要」爲基準，重新審視與物品的關係，最大的涵義，其實就等於思考「今後，想過什麼樣的生活？」

如果不先明白「今後，想過什麼樣的生活？」就不知道該留下什麼東西。因此，我們必須先了解自己的人生願景。

思考這件事情的時候，絕對不能對照過去的經驗。

「到目前爲止，過著什麼樣的生活？」這件事情，再怎麼說都是過去。無論過去的生活是好是壞，跟「今後，想過什麼樣的生活」完全沒有關係。

爲了讓自己擁有自信，我們經常想從過去尋找根據。因此，「過去的作爲」就成爲能否獲得自信的參考，但是，過去終究無法證明任何事情，過去永遠無法決定我們的未來。

決定未來，意思就是「接下來，想過什麼樣的生活」，也就是「想成爲什麼樣的人」。

整理就是「確認關係」，在確認人生應有的模樣之後，才能找到今後的方向。

問問「現在的自己」與物品的關係，是最重要的依據，還是人生的願景？亦即「今後，想過什麼樣的生活？」

「現在的自己」並非由過去決定，而是以未來的願景做爲依據，由自己來定義。

超市選購面紙，磨練感知能力

例行性的購物，正是體會自我感受能力的大好機會。只要掌握「斷」的原則，就不會輕易索取免費贈品，而可以避免因打折而買下過多用不到的東西。

如此一來，將能大幅改善生活空間的舒適度。再配合自我形象來選購物品，便能提升他人對我們的印象。

斷捨離中的「捨」是物品的出口，那麼「斷」就是物品的入口。

「捨」即是逐一篩選家中的物品，拋棄垃圾和廢物，這個過程十分重要。另外，排山倒海進入家裡的物品，則必須依靠「斷」來阻隔，兩者具有同等的重要性。

如同我在第一章所說，現代社會中，贈品、便宜貨、試用品、紙本信件、中元及歲末賀卡等物品，即使不是親手取得，也會擅自闖入家裡。因此，我們必須隨時注意入口處，阻絕這些物品入侵。

爲了避免不需要的東西進入生活環境，**即使是免費的東西也不能輕易收取**。

同時，**在購買東西時，也要精挑細選**。

我們很容易因爲價格便宜就「先買再說」，太貴就不買，「無奈」地選擇廉價品，或是覺得自己不必用得太高級，只買一些「差不多就好」的東西。

上述這樣妥協、忍耐和不在乎的想法，是不是左右了我們購買什麼樣的物品呢？

選購流行服飾時，每個人考量各有不同，因此我難以評論。但是我可以理解，購買日常用品時，各位可能不會耗費太多精神好好選擇。因爲每天的生活已經十分忙碌，不想再花費心力在這件事情上面，也是無可厚非。

在日本，不管買什麼東西，都有許多選擇。即使是廚房裡的保鮮膜、面紙，這些每天會用到的必需品和消耗品，都有各式各樣的設計，種類多到讓人眼花繚繚亂。

雖然選擇多是一件好事，但是過多的選項，反而會讓我們感到迷惘。超出必要的選擇，使得購物變成一件麻煩的事情。爲數衆多的選擇，更會讓我們選擇物品的感受能力退化。

而且，放任感受能力一直退化，總是選擇一些妥協於價格的物品，最後將使得我們的意識及思考，完全以妥協做爲最高準則，每一天的生活都在妥協中渡過。這樣的人生，只能說是妥協之下的產物。

然而，多樣化的選擇也有好處，可以讓我們充份發揮感受能力。是的，倘若只有一個選擇，感受能力也就無從發揮。

斷捨離所說的「斷」，就是決斷的「斷」。同時也是不屈就於任何妥協，憑藉自己的感受能力，精挑細選後做出判斷。

「購買物品」這個行爲，也是人生中選擇和決斷的一種訓練，藉此讓我們更加明白「自己所求爲何，應該選擇什麼樣的生活。」

即使是選購日常生活中的必需品和消耗品也不能抱持著「差不多就好」的心態，「毫無頭緒」地購買，而是應該利用自己的感受力，精挑細選後再下手。

在超市中選購面紙，也能磨練感受能力。其實，例行性的購物，正是領會感受能力的大好機會。

只要隨時掌握「斷」的原則，就不會輕易索取免費的面紙和保冷包，而且也可以避免因爲打折而買太多不必要的東西。

隨著「進入家裡的東西」減少，實踐「捨」的步驟時，也能更加順利，如此一來，將能大幅改善生活空間的舒適程度。再配合自我形象來選購物品，便能提升他人對我們的印象。

重覆實踐「斷」和「捨」，就能形成良性循環。

特別是女性，很多人在實踐「斷」的過程時，總是不得要領。女性天生就具有包容力，相對地不懂得拒絕，如果不下意識減少進入家裡的物品，很容易就使得居住環境堆滿不必要的廢物。

另一方面，男性大多對於「捨」感到苦惱。因爲男性佔有慾強烈，總認爲獲得的物品是一種勳章，一旦得手就想完全據爲己有，當做自己的收藏品之一，不願割捨。

透過擁有的東西，提升自我價值

只因害怕而拒絕使用能夠提升自我價值的東西，我們就只能停留在同一個層次，永遠都無法提升自我形象。

對於能提升自己價值的東西，請務必鼓起勇氣，大膽留用。

面對一件物品，思考「這個東西適不適合現在的自己」，如果答案是「這個東西適合自己」，那們就能毫不猶豫決定這是「自己的東西」。

但是，如果遇到「不適合自己的東西」，我們就會覺得格格不入，將那件物品丟棄，或是從選項裡剔除。

然而，當我們心想：「這件東西不適合自己」，並且對該物品感到排斥時，這樣的感覺，其實分爲兩個種類。

其中一種是「降低自己價值的物品」，讓我們感到格格不入，另外一種是「提升自己價值的物品」，也會讓我們有相同的感覺。

遇到前者時，我們想著：「這種廉價品，我怎麼可能使用？」於是打從心底拒絕。後者則會使我們心想：「這麼高級的東西，眞的適合我使用嗎？」這樣的想法，則是出於畏懼引起的不協調。

倘若接受了前者這個種類的物品，會降低自己的價值，因此我們遵從心裡的感覺來拒絕，可說是賢明之舉。

然而，如果是後者這種物品呢？

雖然每個人感到畏懼的程度不同，然而，**對於能提升自己價值的東西，我建議各位鼓起勇氣，大膽地留在身邊**。

只因爲害怕而拒絕使用能夠提升自我價值的東西，我們就只能停留在同一個層次，永遠都無法提升自我形象。

當我們在選擇、取捨自己擁有的物品時，會留下高級的東西，捨棄低品質的物品。

但是獲得一件新東西的時候，就不應該覺得「差不多就好」，而選擇劣質品。**一開始也不用全部替換，先從少量的物品開始精挑細選，選**

擇更高級的東西。

或許一開始我們會覺得，自己的身分配不上這麼高級的東西，但是在使用過一段時間之後，自卑與恐懼的想法會逐漸轉弱，最後消失無蹤。等到回過神來，我們對自我價值的認知，就會提升到與高級品相同的層次。

微不足道的小東西，也能帶領我們到達嚮往的世界。

請各位股起勇氣，果敢地接受高級品引起的不協調感，藉以提升自我形象。

自我思考，親身感受

把眼前不需要的東西，馬上丟進垃圾桶，就是這麼簡單。不用想著整理，只要丟棄即可。

生活中的一個小習慣，就是創造斷捨離體質的基礎訓練。

挑選留在身邊的東西，並不是一件簡單的事情。丟棄身邊的物品，總是伴隨著不捨。因此，我們不知不覺會這麼問：

「怎麼做，才能減少身邊的東西？」

「怎麼做，才能捨棄身邊的東西？」

對他人提出這兩個問題，等於希望對方給我們下達指示。

只要有人爲我們決定，就可以不用面對挑選物品的麻煩，同時丟棄物品時，不捨的心情也可以轉嫁到他人身上。

我了解這麼做的原因，是希望有效率地在短時間內完成整理，而且也是爲了逃避複雜的思考。但是，斷捨離是一門實踐哲學，並不是與人討論後，照著他人的指示去做，就算達成目的。**斷捨離必須自己用心感受，經過反覆思考，並在嘗試錯誤中來實踐**。

實踐斷捨離的過程中，有時也會遇到錯誤，讓我們後悔地想著：「早知道就不該丟掉。」

但是，經歷一次失敗，我們就會更加謹慎，取捨與選擇的精確程度也會因此提升。

打個比方，沒有人天生就會騎腳踏車，每個人都是在跌倒和衝撞中，讓身體記得平衡感，漸漸學會該怎麼騎。

斷捨離也是一樣，不試著親手去做，就不可能體會其中的道理，唯有每天不停訓練，累積經驗才能學會。透過每一天的訓練，才能磨練出取捨與選擇的能力。選擇與決斷的能力，就像肌力一樣，必須自己採取行動去思考、去感受，才有可能提升。

話雖如此，即使經歷大量訓練，在捨棄東西的時候，也不一定會減輕罪惡感。因爲丟掉東西的時候，一定會感到心痛。

最初，我開辦講座的時候，總是會向學員說：「先說一聲：『謝謝』，再把不需要的東西丟掉。」但是，後來我發現這麼做，其實只是權宜之計。

後來我又提議，可以送給朋友、捐出去，或是賣給中古回收業者，但是這些做法，也只是拖延丟棄時產生的罪惡感而已。

最近，我開始覺得應該正面去接受丟棄時的罪惡感與懊悔。

因爲我開始覺得，既然曾經擁有這些物品，正視罪惡感與懊悔，也是我應該負起的責任。

我認爲，確實理解放棄時的罪惡感與懊悔，在獲得一件新物品時，才會打從心底去珍惜。

從所在之處，眼前的東西開始著手。

各位，請仔細端詳眼前的物品。

然後，用心感受。

深思熟慮後，決定去留。

經常有人問我：「我想開始實踐斷捨離，但是不知道從何處開始著手。」我的回答就是上述這三句話。

實踐斷捨離的物品與場所，並沒有特定的順序。只要是觸目所即的物品，也就是從目前所在之處，不想再看到的東西開始。或許應該說，這正是斷捨離的起點。

把眼前不需要的東西，馬上丟進垃圾桶，就是這麼簡單。不用想著整理，只要丟棄即可。

生活中的一個小習慣，就是創造斷捨離體質的基礎訓練。

實際上，這麼簡單的一件事，做起來卻意外地困難。

看看街道上隨地亂丟的垃圾，電車座位上放置了吃完的便當盒，就可以知道，人們沒有將這些垃圾確實丟進垃圾桶。由此可知，把垃圾丟到正確的地方，很多人還做不到。

同樣的習慣帶回家裡，就會造成堆積如山的混亂環境，小至一封輕薄的信件，大至沉重的桌子或傢俱類，都因爲我們沒有養成馬上處理掉的習慣，才會演變成這樣的後果。不要的廢物愈大愈重，放置不管的期間就會愈長。

斷捨離只要從身處的場所，眼前所見的物品開始處分即可，因爲從中必定有所體會。

開始實踐斷捨離時，有一項必須嚴守的鐵則就是，「從劃分空間開始做起」。

一開始就從寬闊的大空間開始做起，反而會不知從何著手。因爲家裡的東西，比我們觸目所即、想像之中還要多出好幾倍。

首先，可以從書桌的抽屜開始，接著是書架的最上面兩層，然後是冰箱的上層。先劃分出小空間，再篩選出需要的東西，重覆這樣的工作，就能確實累積些許成就感。

這些成就感就成爲誘因，自然能夠激起我們挑戰下一個空間的意志。

請容我重覆再說一次，斷捨離的用意是透過篩選物品，留下需要的物品，減少不要的廢物。換句話說，最終必須捨棄物品。

家裡的東西愈少，整理起來就愈輕鬆。也不需要再花時間與精神去整頓或收納，如此一來，打掃、擦拭、刷洗等家事，感覺起來也就變得不再那麼麻煩。

正因爲一般人都根深蒂固認爲「整理＝整頓與收納」，所以才需要學習斷捨離。錯將整理當做是整頓與收納，所以才會堆積大量的物品，最後爲了「不知道從何著手整理」、「不知道何時開始整理」而煩惱。

雖然一開始我曾說過：「從目前所在之處，眼前所見的東西開始整理。」然而，平常不太會讓別人看見的空間，總是充滿堆積如山的物品，那裡才是我最喜歡實踐斷捨離的地方。

舉例來說，很少開啓的壁櫥，或是洗臉台下方的櫃子，都是平常不太會去注意的地方。這些收納空間，很容易在不知不覺中，就堆滿不必要的物品。而且，正因爲平常很少去注意這些地方，收進裡面的東西就會一直留著。

一個空間既然會堆滿雜物，就代表平常根本不會去注意，但我卻最在意那種地方。因爲這些場所就像是內心的一灘淤泥，或是附著在潛意識中的污點。從這裡開始實踐斷捨離的話，能夠得到更大的成就和痛快的感覺。

對我而言，斷捨離是清理潛意識的方法。因爲我知道，潛意識乾淨的話，所有事物自然就會豁然開朗，因此，煩惱或迷惘的時候，我就會去平常看不到的地方實踐斷捨離。

斷捨離沒有終點！

一旦讓家從倉庫蛻變成為居住環境，我們的本能就會發揮作用，想要「做得更好」，自然會動手整理。

斷捨離永遠沒有終點，是必須持續一生且不斷進化的課題。

不管是減肥或是整理術，坊間總有打著「永遠見效」做爲賣點的方法，但是復胖和偷懶不再整理，都是自然現象。斷捨離是一種順其自然的技巧，當然也會隨著時間失去效果。

舉例來說，秋天時打掃庭院。掃乾淨一次之後，難道枯葉就不會再度落下嗎？這是不可能的事情吧。只要經過強風吹拂，庭院又會堆滿落葉。然而，曾經清掃乾淨的庭院，即使再次積滿落葉，下一次就能輕易掃掉。因爲我們已經知道清掃的方法，所以很快就能掃乾淨。

只要還活著，我們的身體就會自然生出體垢。就算洗過一次澡，也不代表從今以後不必再洗澡。

物品也是一樣道理。只要我們還活著，家裡必定會堆積物品，變得雜亂。有時候甚至獲得太多新東西，超過家裡一次能容納的總數量。

這些都是自然現象，只要我們活在世間，就會一直持續下去。眞正的「永遠見效」，只有在我們死去的那一刻才會達成。

因此，**只要活在世間，就不能停止實踐斷捨離**。

但是，**這項技巧可以繼續進化下去**。

就像征服一座高山的人，總會計畫征服更高的山峰。斷捨離也是一樣，越過一座高山之後，就會發現下一個新課題和難關。

登上一座高山，才會知道一山還有一山高。當然，攀登下一座更高的山峰，難易度一定更高。然而，只要征服一座高山，肯定能學會必要的技巧，心裡自然也會鼓起勇氣，挑戰更高的山峰。

利用斷捨離，和物品對話、和空間對話，去除「不要、不適、不快」的廢物，原本遲鈍的思考邏輯、感覺與感性，經過這番磨練，肯定會有顯著的進化。

歸根究底，凡事起頭難，最困難的階段，就是脫離「垃圾場」和「倉庫」的狀態。只要捨棄垃圾和廢物，適當地減少物品的數量，家裡的空間就會變得寬闊起來，轉化成「居住環境」。居住環境的定義，就是一個容易整頓與打掃的空間，同時也是一個可以舒適渡日的空間。

一旦家裡蛻變爲居住環境，之後我們的本能就會發揮作用，想要「做得更好」，自然而然也會動手整理。

請容我再說一次，斷捨離永遠沒有終點。斷捨離是必須持續一生的課題。

正因爲如此，斷捨離也會不斷進化。

沒有終點、永遠持續下去，才會帶來永無止盡的進化與發展。

Chapter 4

整理過後，一切就緒

· 整理東西，琢磨「美學」和「審美觀」
· 是什麼讓你的家與人生陷入「窮途末路」？
【經驗談 1】實踐斷捨離，改善人際關係
【經驗談 2】實踐斷捨離，減肥成功
【經驗談 3】實踐斷捨離，重新喜歡自己……
【經驗談 4】實踐斷捨離，讓工作更順利
【經驗談 5】實踐斷捨離，財源廣進
【經驗談 6】實踐斷捨離，人際關係變好
【經驗談 7】實踐斷捨離，改變每一天

整理東西，琢磨「美學」與「審美觀」

斷捨離就是透過替換物品，促進價值觀與觀念的更迭代謝。

因此，男人便能藉此鑽研「美學」，女人藉此磨練「審美觀」，進而讓人生有所變化。

人類生存於這個世間，必定抱持著各種「價值觀」和「觀念」。每個人心中都各有一套處世之道，深信著「應該這麼做」。

價值觀和觀念，是形成人格特質的重要因素。倘若價值觀與觀念，只會讓我們的人生過得更加痛苦，不妨就捨棄掉也無所謂，各位是否同意呢？

因爲喜歡而購買的衣服，隨著時光流逝及環境變化，也會變得不再適合自己的風格，必須添購新衣服。相同地，隨著時間推移、環境改變，當然也需要爲自己灌輸新的價值觀和觀念。如果長久以來，我們的價值觀和觀念，一直受到周遭環境影響，更應該找機會更新。

捨棄沒必要的價值觀與觀念，替換成適合自己的價值觀和思考邏輯。是的，不只是物品，就連我們腦中的價值觀及觀念也需要新陳代謝。因爲這一點很重要，請容我再說一次。斷捨離的基準是「現在的自己」，必須隨時釐清自己與物品的關係。

而且，必須釐清關係的對象，並不只針對「物」，還包括圍繞在我們身邊的「人」和「事」，而且人、事、物和左右思考邏輯、情緒的價值觀與觀念，會產生連鎖反應。

因爲我們腦海中的意識只有一個，對於所有人、事、物抱持的價值觀與觀念，全都由一個意識操控。所以，若是對某項物品的看法改變，同時也會影響到對人與對事的看法，價值觀與觀念也將自然產生變化。

斷捨離的作用，就是透過替換物品，促進價值觀與觀念的新陳代謝。

因此，**男人便能藉此鑽研「美學」，女人便能藉此磨練「審美觀」，進而讓人生產生變化。**

是什麼讓你的家與人生陷入「窮途末路」？

斷捨離是一種訴諸行動的治療法，找出所有糾結的本質，一邊捨棄物品，同時消除糾結的情緒，解開加諸於自身的限制。如此一來，人生就能一股作氣向前進。

斷捨離的本質，是由瑜珈理念衍生出來的產物。

瑜珈最初的目的，就是矯正身體不協調的歪斜狀態，進而洞察自己的行為模式與內心的動向。

斷捨離其實是內心的瑜珈運動，讓我們藉由與物品對話，直視自己的內心，在清理空間的同時，調整心態。換一個說法，就是透過整理空間來調養心神的自我管理方法。

許多斷捨離的實踐者，都表示在捨棄物品後，自己的人生也跟著發生變化。我認為，這是因為他們在反覆實踐離捨離的過程中，重新正視自己，發現自己加諸於內心的限制與框架，最後下定決心，並且以身體力行，放下心裡的成見，最後的成果就是改變了人生。

在講座或公開演說時，我稱之為**「擺脫窮途末路」**。

所謂「窮途末路」，到底是什麼樣的糾結呢？

具體來說，就是「思考的糾結」、「情緒的糾結」與「潛意識的糾結」。各位的人生因此停滯不前，陷入「窮途末路」。

我們一天到晚就會聽到，身為妻子、身為丈夫應該維持的形象；身為母親、身為父親應該保有的形象；身為媳婦、身為女婿應該怎麼做。夫婦、家人應該怎麼相處，或是身為女人、身為男人應該注意的行為，身為社會人士、身為上班族應該遵守的規矩，身為有地位、有名譽的人士應該保持的形象。

上述這些「應該」，在大多數的情況下，都不是發自內心，積極自我要求的行為。而是在生長環境與過程中，不知不覺被灌輸的觀念。人們對這些觀念深信不疑，其實並不是真正的相信，只是在不自覺當中，就被制約在這些框架中。而且下一個世代的孩子們，還會繼續接受這些觀念洗腦，因爲父母親從小就會告訴孩子，這些都是應該遵循的眞理。

強行加諸在人們心中，不可質疑的「應該」，讓原本自由豁達的生命，陷入困頓的泥沼。這一切，可以說就是糾結的根源。

一旦開始實踐斷捨離，拋棄不必要的廢物，「應該」的觀念就無時無刻不在阻撓我們。

丟棄還能使用的東西，是罪大惡極的過錯，應該更加珍惜物品……。

確實，這樣的說法是無法反駁的正當言論。因爲是合乎道理的正當言論，我們就不會對「應該」產生質疑。於是就停止思考，繼續活在「應該」的束縛中，不斷堆積物品，直到塞滿整個居住環境，在水洩不通的環境中，不只會停止思考，感覺也會隨之痲痺，感性也因此變得遲鈍，人生也就如同一灘死水。

在我們不自覺的時候，「應該」形成的制約，使得家裡、腦海中與心靈層面，都產生無數的糾結。

這些根深蒂固的「應該」，就是人生進化的障礙物。如果一直受到「應該」影響思考與情緒，就會使我們過度限制自己的可能性。

許多斷捨離的實踐者，都是在一個偶然的機會，發現自己不自覺中，加諸於自身的限制，形成進化的障礙物。不對，更應該說，斷捨離的本意，就是要求我們必須與物品對話，因此發現這件事實也是理所當然。

有一名母親，長久以來不捨得丟棄孩子在小學時代留下的作品，並且因此煩惱不已。她所留下的作品，其實都是一些拙劣的圖畫，連小孩子自己都不願多看一眼，而且她的孩子已經是二十多歲的成年人。從周遭的人看來，她所煩惱的事情，其實非常的滑稽。

然而，這名母親的行爲，隱藏著不爲人知的執著。她爲了扮演好母親應該維持的形象，因而將孩子成長的證明，全部妥善保留下來。

同時，由於孩子已經離家獨立，令她感到十分寂寞。

因此，她才會對孩子的作品如此執著。這份執著逐漸形成糾結，同時也影響到已經出社會的孩子，即使已經到了該獨立的年紀，卻仍舊受到阻礙，無法開拓嶄新的人生。

另外，還有一名男性，家裡空間不算寬敞，但是他還是空出一間房間收藏大量書籍，即使他早就不再翻閱那些書籍。他所收藏的書籍，大多是講究修養和充實知識的種類。這名男性大量購買這類型的書籍，足以證明，他渴望獲得周遭人們的認同，同時也認爲自己應該做一名有修養、有知識的人。

然而，實際上在買下這些書籍後，他一次也沒閱讀過，即使讀過了也會這個房間裡的狀況一樣，只是堆積在腦海中，卻從未實踐書中提到的內容。是的，等於就是硬塞進腦袋裡而已。

在生活中糾結的原因、要素和展現出來的模樣，每個人各有不同。

但是，有一點可以確定，不論糾結於什麼事情，全都是對我們的人生造成阻礙，限制我們成長的障礙物。

斷捨離是一種訴諸行動的治療法，可以找出所有糾結的本質，讓我們一邊捨棄物品，同時消除糾結的情緒，進而解開加諸於自身的限制。

透過實踐斷捨離來拋棄糾結，人生就能一股作氣向前邁進。

經驗談 1｜

實踐斷捨離，改善人際關係

實踐斷捨離，有一個不可思議的效果，那就是人際關係也會產生戲劇性的變化。

舉凡夫婦間的關係、家人間的關係、職場上的關係……都會有所改善。

爲什麼斷捨離能夠對人際關係，帶來如此巨大的變化呢？

隨著實踐斷捨離，即使百般不願，仍舊必須正視心中的問題。並且開始思考，至今糾結不清的想法與觀念，其源頭來自何處。

現在的自己，需要什麼？

現在的自己，適合什麼？

現在的自己，喜歡什麼？

隨著釐清自己與物品之間的關係，對他人、事物及觀念，將有更深刻的認識。同時，至今未曾察覺的人際關係問題，也會浮上檯面。

只要發現問題，接下來就能夠著手改善。因此，人們才會覺得，斷捨離爲人際關係帶來良性的影響。

這一次，當我在撰寫這本書的時候，對訂閱電子雜誌的讀者實施問卷調查，主題是「實踐斷捨離，對自己帶來的好處」。

首先介紹的「斷捨離實踐者（綽號是斷捨離族＝Dansharian）」，都因爲斷捨離而改善了人際關係。

在實踐斷捨離之前，我經常為了一些小事生氣。例如，我會對有輕微重聽的丈夫說：「你根本就不想聽我說話，才裝做聽不到吧！」事後想想，其實只是自己在鬧脾氣。看到孩子們脫掉衣服就亂丟在地上，或是吃完東西不把碗盤拿到廚房，我就會打從心底感到憤怒，而且氣到完全無法控制情緒。

每次我都會大聲斥責：「你以為自己是大爺嗎？」、「你把我當旅館老闆娘嗎？」如果孩子稍微反抗，我就會說：「對家裡這麼不滿的話，就滾出去！」然而，每次生氣之後，我都很後悔，為什麼自己要把氣氛弄得這麼不愉快，因此變得愈來愈討厭自己。

讀過幾本心理學相關的書籍之後，我知道原因出自於自己的成長環境，因為從小我的母親就喜歡支配我。話雖如此，即使了解原因，我還是無法克制憤怒，每次生起氣來，母親的身影就像亡靈一樣浮現，讓我更加心浮氣躁。順帶一提，我的母親仍舊健在。

後來，我在偶然間發現「斷捨離」這本書。雖然一開始無法馬上實踐，但我開始覺得，客廳裡擺滿高級碗盤的巨大餐具櫃相當礙眼，三年前捨棄了這個餐具櫃。之後，我更積極實踐斷捨離，丟掉沒在穿的衣服，以及兩個衣櫃。書籍也送去資源回收處，並著手整理、整頓相簿。之後，有想看的書，我大多上圖書館去借。

後來每次有人來家裡拜訪，都會說：「妳家裡變乾淨了」、「妳家好寬敞」或是「看不出來，這是一家五口居住的地方」。接著大約在兩年前，已經獨立搬出去住的長男每次回來都會說：「媽媽，最近都沒聽妳罵人了耶。」這句話聽起來，叫我內心百感交集（笑）。

前幾天，委託重新裝潢廚房的業務人員來訪，雖然他經常犯錯，但我卻能放寬心胸，不再計較一些小事。最後，那個業務人員跟我說：「打從內心感謝您的寬容。」在職場上，如果分配到自己覺得超出能力範圍的工作，我也開始學會拒絕，不過有時候還是會硬接下來做。

透過斷捨離，我心裡不再那麼容易感到憤怒，甚至可以說從壓力中解脫了……。現在我覺得人生過得十分快樂，整個人都神清氣爽。

（四十多歲，女性，專科學校職員）

這名女性丟掉一座巨大的餐具櫃和兩座衣櫥，連同裡面的東西都從家裡消失，空間肯定會變得比以前寬敞。身處於寬闊的空間中，心胸自然就會比過去還寬大。寬容的性情影響到人際關係，形成一個良性循環。

過去自己一直認為：「只要自己承受一切，忍下來就好」、「只要我不要求那麼多就好了」，因此，經常覺得心情十分煩躁。自從實踐斷捨離之後，我變得可以跟他人溝通心裡的想法，同時也能敞開心胸接受對方的想法。每天都覺得心情愉快，也不再像從前那麼容易心煩，而且感到心浮氣躁的時候，也能控制自己的情緒。

（四十多歲，女性，公司職員）

這名女性過去在不自覺的情況下，把自己限制在「自己忍耐一切就好」、「自己不要求那麼多就好」的框架中，如今看來已經解脫束縛。換句話說，她一直活在受害者的意識中，現在終於不再受困於那樣的情緒。

「以現在的自己爲基準」，很容易被誤解爲「凡事以自我爲中心」，然而，事實上並非如此。「以現在的自己爲基準」，才能讓我們學會重視自己，進而才懂得重視他人。也就是說，這樣的想法並非只顧及自己，同時也是尊重他人的表現。

再者，重視自己的心情，才能夠由全盤俯瞰的視點，理解自己的心境。如此一來，就能毫不掩飾地表達自己的心情，並學會穩定情緒的方法。

> 實踐斷捨離的同時，我也學會如何拒絕他人。有一個朋友，每年會從美國回到日本一次，每次她回國只要約我，我就會和她在東京見面，而且總是配合她的時間。但是，她並不是真心想和我相聚，只是找有時間的人陪她而已，所以這次她回國，我就斷然拒絕與她見面。因為斷捨離教會我，釐清每一件事物對自己而言「快樂或不快樂」，並從中選擇，人生才會過得輕鬆寫意。
>
> （五十多歲，男性，打工族）

對「物」的斷捨離，與對「事」、對「人」的斷捨離，關係十分密切。而我們這一生的課題，就是選擇並留下必要的人、事、物。

原本家裡東西堆積如山，連一扇窗戶都很難打開。實踐斷捨離，丟棄沒用的物品後，窗戶變得可以輕鬆開啟，原本反目成仇的母親和女兒，開始和我噓寒問暖。

（四十多歲，家庭主婦）

有時候我們很容易忽略，因爲塞滿物品導致窗戶無法開啓，或是房門只能打開一半，這些看似微小的物理性阻礙，累積一段時間之後，就會形成強烈的心理壓力，同時也是導致人際關係緊張的主要原因。窗戶難以開啓，其實就是家庭狀況的象徵。我想這名女性和女兒，以及和母親，彼此的內心就像家裡的窗戶一樣，難以開啓。

然而，有許多人向我抱怨：「家人的東西看了相當礙眼，希望可以丟掉。」

這樣的心情，我十分了解。因爲家人之間關係親密，經常必須分享彼此的空間與時間，對於家人的東西感到礙眼，也是無可厚非。但是，相對來說，各位的東西看在家人眼裡，也極有可能是一樣的感覺。

那麼，家人間互相隱瞞的地盤之爭，到底該怎麼解決才好呢？

要徹底與對方爭執，還是尋求和平解決之道，端看各位如何決定。總之，這也是人際關係的問題。看起來像是物品引起的問題，其實並不單純只是物品的問題。

以夫妻關係爲例子來說，如果妻子對丈夫心存不滿的話，就會覺得丈夫的東西在家裡相當礙眼，更會因而與丈夫漸行漸遠。相反地，對丈夫而言也是一樣。我們必須停止投射在物品上的紛爭，了解自己與家人之間的關係，目前處於什麼樣的情況。接著再回過頭來思考，自己希望家庭內的人際關係，能夠有什麼改變。

首先，從自己擁有的東西開始實踐斷捨離，整理出寬敞的空間，隨之讓產生心境上的從容。如此一來，再去面對家人，應該就能順利解決衝突，修復彼此之間的關係。

經驗談 2

實踐斷捨離，減肥成功

許多人在實踐斷捨離之後，發現自己竟然自然而然減肥成功。

「捨棄」的行動，伴隨著痛苦。這是因爲長年滯留在家中的物品，其實附著了許多負面情緒的關係。但是，唯有在痛苦中捨棄物品，才能學會如何支配進入家中的新東西。

斷捨離之中的「捨」，是最後思考處份物品的階段。同時，自然就能體會「斷」的意義，就是斷絕增加物品。

我們的時間、空間與體力有限。實踐斷捨離，可以磨練敏銳的感覺，了解自己能力的極限。這份感覺，也會擴及到食物上。

每天的飲食，其實和獲得東西非常相似。

讓身體攝取食物，就像把物品放入家中。控制適量的食物進入體內，新陳代謝就會更加順暢，進而維持健康的體態。但是，倘若攝取過量的食物，身體的新陳代謝就會遲滯，在體內形成多餘的脂肪。

對於食物，我們必須抱持感謝的心情，這件事的重要性，應該不需要我提醒。然而，如果因爲「不能浪費」這個原因，經常吃到過量的程度，消化不了的脂肪，絕對會堆積在身體裡。

留下食物沒有吃完，的確會讓人感到於心不安。但就算爲了「不能浪費」，勉強自己吃完所有料理，煮過的食材也不可能恢復原狀。

如果不是因爲好吃而吃，**爲了「不能浪費」而勉強自己去吃的話，等於把自己的胃袋當成垃圾桶一樣**。差別只在於，把食物丟進肚子裡，或是丟進廚餘桶。

若能發現自己把身體當成廚餘桶，日後在做飯時，就不會做出吃不完的量，購買食材也會變得更加節制。外出用餐時，就能依據自己的食量來點菜。

遵循「斷」的原則來控制食材，能夠減少身體攝取的食物，讓多餘的脂肪燃燒轉化爲能量，體重也會跟著下降。以結果來看，無意間就實行了減肥計畫。

斷捨離實踐者最初的目的，基本上是成爲一個懂得放手的人，絕對不是爲了減肥。然而，許多斷捨離族對我說：「實踐斷捨離之後，體重也跟著下降」、「不知不覺中，斷捨離竟然讓我減肥成功。」

雖然變化不明顯，實踐斷捨離到現在三年，衣服的尺寸大概減少1.5號，體重也下降四到五公斤。雖然罹患慢性疾病，但現在身體狀況還算穩定，可以從事一份正職工作。

（四十多歲，女性，公司職員）

丈夫生前很喜歡購物，家裡堆滿他的東西。他過逝之前，我一直很沒有自信，在他面前抬不起頭，每天過著提心吊膽的生活。丈夫過逝後兩年，他的雙親都罹患失智症，一同住進安養院。為了維持居住環境衛生，我開始丟棄他買的東西，心情也漸漸變得愈來愈輕鬆。為了清理雙親家裡堆積如山的日常用品，以及自己家裡不要的廢物，我竟然花費了將近八年時間。

初步估計，我大約丟了雙親家裡95%的東西，自己家裡的東西也丟了六成左右。捨棄這些東西之後，我變得愈來愈有精神，現在已經找回結婚前的自信。回首過去的日子，隨著家裡東西一直增加，總覺得精神狀態每況愈下。現在看著自己恢復活力，真的非常開心。

（五十多歲，女性，補教講師）

實踐斷捨離之後，即使每天拖著疲勞的身體回到家，也可以好好地休息，而且變得很少感冒。體重也下降，穿得下小尺寸的衣服，而且心裡對自己的評價也愈來愈高，穿衣服的風格有大幅轉變。

（四十多歲，女性，教職員）

經驗談 3

實踐斷捨離，重新喜歡自己……

斷捨離帶來的影響中，最大的效果就是「喜歡上自己」。過去，因為「不會整理」一味責備自己，覺得「自己很沒用」而感到自卑。一旦實踐斷捨離，這些負面情緒，就會隨著物品減少而降低。「責備自己」的情況愈來愈少，取而代之是經常能夠「認同自己」，心情也隨之輕鬆起來。

決定一個人的評價，最重要的因素就是思考方式。亦即在無意識、不自覺之中，心裡抱持的觀念。所謂的觀念，就是深信「我應該怎麼做」、「身為一個人，應該怎麼做」，其中也包括「我適合使用便宜貨」這樣的自我形象。

心中存有「不要、不適、不快」的觀念，如同一顆沉重的石頭。如果能夠捨棄這些觀念，就能放下心中那塊大石頭。雖然這是一件困難且花費時間的事情，只要不屈不撓持續做下去，總有一天可以搬動心裡的巨石。

搬走心中沉重的石頭後，「心裡的環境」會產生極大的改善。最後，心裡的狀態舒適起來，我們就能喜歡上自己。

斷捨離帶給我最大的好處，就是任何事情不再受到周遭的意見左右。每個人的價值觀原本就不同，而我又太在意他人的意見，總是想著：「別人是怎麼看我」、「我該怎麼面對他人的看法」，到頭來變得完全沒有主見。再者，過去遇到任何事情，丈夫總是說：「照我說的去做就好」，從來不曾問我怎麼想，也不願意和我討論。在實踐斷捨離之前，我只能聽從家人的指示，「不能擁有自己的主張」。而現在，我可以開創屬於自己的人生，覺得生活變得踏實起來。

（五十多歲，主婦）

在整理物品的同時，我也整理自己的情緒，確實了解自己真正喜歡的東西是什麼，而且心裡隨時想著：「希望身邊只留下喜歡的東西」。不知不覺中，依自己的喜好來替換日常用品，而且更加重視擁有的物品，每天過著快樂的生活。

（四十多歲，女性，計時員工）

與物品對話，等於對自己的內心提出質問，就好像是心理輔導一樣。藉由自問自答，發現內心真正的想法，進而改變自己。過去，每天鬱鬱寡歡的自己，好像不曾存在。決斷力、行動力與自我肯定的感覺，一口氣提升許多，生活變得非常開心。

（四十多歲，主婦）

將斷捨離形容成「心理輔導」，其實是相當傳神的說法，其實我們也可以把斷捨離，當成一種認知行爲療法。藉由實踐斷捨離，正視自己的情緒，就能更加珍惜自己。因此，每天的日子自然會變得開心起來。

早上不再賴床，總算能夠善用清晨的時間。以前總是趕在最後一秒打卡，現在都提早一小時進公司，在上班時間開始前，可以先檢視前一天的電子郵件，或翻閱一下產業相關的雜誌，每天都覺得時間非常充裕。改變生活習慣後，晚上也不再看連續劇，提早就寢，皮膚的狀況變得愈來愈好。雖然即將邁入更年期，但我有自信今後可以過得更健康、更有自信。

（五十多歲，女性，公司職員）

實踐斷捨離之後，以前覺得是別人應該為我做事，現在我都能抱持深切感謝的心情來看待，並且發現自己是多麼受到上天眷顧。

（五十多歲，女性，心理治療師）

斷捨離的目的，是爲讓我們從「缺乏物品就感到不安」，轉變成習慣於「即使沒有也無所謂」。

當我們不再受到「必須這麼做」的想法支配，心裡自然會覺得「擁有是好事，沒有也無妨」，並且更加信賴自己，進而「克服所有困境」。

斷捨離的最終目標，是讓我們「具備決心與勇氣，樂觀面對任何處境」。

能夠不再受到周遭事物影響，下定決心，相信自己的選擇，人生勢必變得幸福美滿。

經驗談 4

實踐斷捨離，讓工作更順利

正視擁有的物品，透過選擇、取捨的過程，能夠訓練選擇與判斷的能力。剛開始，必須花費許多時間在選擇與判斷，進展十分緩慢，只要經過反覆練習，速度一定會愈來愈快。

斷捨離讓我學會，面臨選擇的時候，能夠馬上做出決定。

（三十多歲，男性，公司職員）

斷捨離讓我思絮清楚，判斷事情的過程更加順利。遇到無法解決的問題，也能不急不疾，釐清當下能做的處置，避免無濟於事的行動。

（四十多歲，女性，服務業）

相信自己的決定，每一天不斷練習接受改變，目前正朝向創業之路邁進。

實踐斷捨離，為我打下成長的基礎。

（三十多歲，女性，派遣員工）

迷惘的時候，能夠往單純的方向思考。因應不同的情況，選擇最重要的東西和必要的物品。工作中實踐斷捨離，篩選出必要的文件，刪除電腦中不必要的資料匣和檔案，需要的東西很快就能找得到。

（四十多歲，男性，公司職員）

目前的工作內容主要是幫助他人。學會斷捨離之後，我整理出一套明確的支援流程，工作變得更加順利。

（三十多歲，男性，非營利職團職員）

對身邊物品的想法，最後一定會影響到面對各種事物的態度。**遇到事情時，做出選擇及判斷的速度變快，對工作當然會帶來良性的影響**。

實踐斷捨離後，不知為何，找工作變得更加順利。雖然現在依然是派遣員工，但每換一家公司，時薪也跟著調高。狠下心丟棄不需要的衣服，所以現在擁有的衣服，全都是自己真正喜歡的款式。雖然可替換的衣服比以前少很多，但穿搭風格卻更常受到同事的誇獎。

（四十多歲，女性，派遣員工）

工作效率提升，加班的時間減少。以前結束一件工作時，很討厭再次確認，面對公司的既定流程，也覺得很麻煩，但現在都能用平常心來看待。

（三十多歲，女性，公司職員）

公司業績年年下滑，庫存商品太多，造成經營上的困境。即使產業環境不景氣，這間美容沙龍仍舊堅持了二十五年，因為自己的執著，遲遲不肯改變傳統，拖拖拉拉地繼續和某家化妝品公司合作。直到最近，重新審視自己優柔寡斷的個性，以及做事情缺乏行動力的壞習慣，才想起自己的工作使命，應該是為了讓客戶變得更加美麗。

我的角色應該是提供美容知識和技術給客人，沒想到自己卻變得如此怠惰，於是我下定決心對商品實踐斷捨離。之後，雖然有許多客人離我而去，但仍有客人願意信任我，同時也開發了不少新客源。公司服務的品質以及我的性格，整體都有顯著的改善。最近找到新的合作廠商，每天都過得充實又快樂。

（五十多歲，女性，全身美容沙龍）

改變現狀需要勇氣，然而，只要下定決心採取行動，絕對能夠開拓新局面。

做出選擇，精選身邊的物品。

果敢決斷，淘汰不需要的東西。

捨棄既有成見，接納新思維，將爲人生帶來意想不到的發展。

經驗談5｜

實踐斷捨離，財源廣進

實踐斷捨離，減少的物品數量，可以讓我們更容易掌握現在擁有的東西。知道家裡有什麼東西，放在什麼地方，就能避免重覆購買。冰箱和食材櫃裡，也不會再有超過保存期限的食物。

另外，養成和物品對話的習慣，購物方法也會跟著改變。

最近開始感動地覺得：「沒想到家裡空間變大，竟然是這麼舒適的一件事！」待在家裡時，心情快樂得不得了。以前很容易找藉口離開家裡，現在都不太想出門。自然而然花費也變少。實踐斷捨離，不只是一石二鳥，簡直可以說是一石十鳥的轉變（笑）。

（五十幾歲，男性，計時員工）

實踐離捨離之後，發現自己不再亂買東西，生活也變得簡單起來，更不可思議的是花費變少了。孩子出生以後，雖然能夠自由支配的錢減少，存款卻反倒增加。

（四十多歲，女性，醫療行政人員）

知道什麼是必要的東西，不再衝動購買。

（五十多歲，女性，自營業）

找東西的時間變短，而且不會再重覆購買相同的東西。

（四十多歲，女性，公司職員）

實踐斷捨離之後，能夠分辨對自己而言，必要和不必要的東西。過去經常陷入選擇困難的狀態，買衣服的時候，因為無法決定顏色，結果一次就買了兩件。透過斷捨離磨練判斷力，這種情況也不再感到迷惘。

由於不再亂買東西，經濟情況也有改善，終於有餘力可以買東西慰勞家人，存款也開始增加。

（四十多歲，家庭主婦）

許多人爲了節省開銷，大量購買廉價品，或是趁著打折時多買一些，結果反而增加無謂的花費。直到學會正視物品，反覆詢問自己：「現在，我還需要這個東西嗎？」就會了解對自己而言，什麼是重要的東西。**只要知道自己需要什麼，就能養成習慣，適量購買必要的東西，如此一來，自然就能存錢**。

另外，斷捨離還能替換我們心裡的價值觀與觀念，解開對金錢的成見，與金錢的關係也會跟著改變。

舉例來說，不少人心中一直存有以下的觀念，「金錢是骯髒的東西」、「金錢無法買到幸福」。

的確，「金錢無法買到幸福」，然而，「有些幸福可以用金錢買到」

也是無可否認的事實。實際上，如果沒錢的話，就不能買自己喜歡的東西，也不能做自己喜歡的事情，這是非常明白的事實。

有一句哲學用語是「憤懣（Ressentiment）」，意思是指弱者面對強者，心裡抱持著憤怒、怨恨、憎惡與非難的情緒。

容我說句難聽話，我認爲經常把「金錢無法買到幸福」掛在嘴邊的人，原因在於沒有與金錢建立起良好的關係，對此心中產生憤懣。

喜歡的東西，自然會聚集到我們身邊，金錢也是一樣。

對金錢抱持什麼樣的印象，就代表我們與金錢的關係。

我想沒有人會覺得「沒有金錢反而比較好」、「金錢根本是不必要的東西」。

心裡明明想著「渴望得到金錢」、「有錢比較好」，卻刻意不願正視這份心情，金錢自然就不會靠近我們。

丈夫換了工作，月薪增加十萬日圓。同時，因為經濟狀況變好，可以購買一些過去想要的東西。兒子和女兒也抽中國立小學應試資格，而且順利錄取，我也轉調到理想的職位。

（三十多歲，女性，公務員）

幸福的形象有許多種類，每個人對幸福的定義都不同。解開心中的「糾結」，開拓人生的新局面。試想，當幸福接近身邊，若能確實用雙手緊緊抓住，將是多麼美好的一件事。

經驗談 6

實踐斷捨離，人際關係變好

邂逅是人生中的寶物。**透過斷捨離，開拓人生的新局面，與他人廣結善緣的機會也會增加。**

實踐斷捨離之前，我們在選擇各種事物時，只會重覆思考「跟以前一樣」、「憑感覺決定」、「什麼都好」。最後選擇的對象，都是一些「上不了檯面的東西」，好一點就是「差強人意的東西」。

這種情況，經過斷捨離磨練精挑細選的技術之後，很自然地結交到品性良好的朋友，而且很快就認識新朋友，人際關係的變化相當驚人。

撰寫這本書時所做的問券調查中，許多人表示，在實踐斷捨離之後，就遇到了理想中的伴侶。

姊姊在我二十歲那一年結婚，離開家裡那陣子，父親生了重病，母親也罹患失智症，我自己也有憂鬱症的傾向，眼看著這個家幾乎分崩離析。這個時候，家中充滿不需要的廢物，變得雜亂不堪。與病魔纏鬥十年後，父親終究離開人世，五年後，我自己也因病住院，母親移居至安養院。至親與家人四散分離，生活沒有夢想也沒有希望，但我並沒有放棄。

出院後回到老家，過著打零工的日子，某天我在書店買了一本「斷捨離」的書。閱讀過後，我一心想改善現狀，於是開始整理家裡，五年後，我遇到現在的丈夫，交往半年後決定結婚。搬離老家兩個月後懷孕，今年秋天我將會身為人母！現在的丈夫非常善解人意，和他在一起，我的失眠和憂鬱症也大有改善，終於脫離依賴藥物的生活。

（四十多歲，家庭主婦）

原本心情總是悶悶不樂，實踐斷捨離之後，一下子變得開朗起來。毅然決然離開原本的工作崗位，因而遇見終生伴侶，終於實現結婚的夢想。

（四十多歲，女性，打工族）

如果有足夠的敏銳度，了解對自己而言，什麼事情最重要。這樣的能力，也會增加我們看人的直覺。

許多人在邂逅之後，很快就步上紅毯，並不是因爲急著想結婚，而是經過斷捨離培養出決斷力與判斷力，短時間內就確信「希望一輩子和這個人生活」，或是「可以和這個人一起走下去」。

現在所處的職場，人數很少，而且每個人都已經結婚，在三十七歲那年結婚之前，我一直假裝享受單身生活。為了說服自己，單身比較自由，我買了一輛高級房車，還有幾台高價相機，總之，就是極盡所能購買奢侈品。某一天，認識斷捨離之後，我開始改變想法，身邊只留下自己真正需要的東西，買東西也會考慮自己的所得，量力而為。擺脫許多束縛之後，我開始追尋過去的夢想，決定「考取重型機車駕照！」希望藉此開創新的人生。

有一回，一起考重型機車駕照的夥伴邀我去聚餐，我遇到現在的丈夫，交往短短三個月就和他結婚。目前，我已經考取重機駕照，和丈夫過著快樂的生活。雖然一直無法順利懷孕，為此心裡有許多煩惱，但是因為學會斷捨離的思考方式，夫妻兩人過得十分幸福。

（四十多歲，女性，醫療行政人員）

希望這些找到終生伴侶的朋友們，在日常生活中，能夠秉持斷捨離的精神，繼續精進下去。

經驗談7

實踐斷捨離，改變每一天

每天心情舒坦，快樂地過日子，是多麼幸福的一件事情。只要將生活空間整理得有條不紊，心理狀態也會跟著豁然開朗。

就算沒有顯著的變化，斷捨離爲日常生活帶來的微小變化，都會叫人感到欣喜，並且讓我們的日子過得更加充實。

沒有用的簡訊，馬上刪除，就不必重覆開啟數次來確認，如此一來，心裡也不會有過度的期待。整理不必要的廢物，空出一個房間，讓孩子有自己的空間。這些變化似乎也影響到孩子，讓他們也開始實踐斷捨離。

（四十多歲，男性，公司職員）

減少不必要的廢物，家裡的東西變少，孩子們也學會收拾自己的玩具，還會幫忙整理家中環境。

（三十多歲，女性，打工族）

利用斷捨離的原則來整理廚房，沒用到的調理器具全部丟掉，空間變得整潔舒適，料理三餐時，不再像過去感到辛苦，比以前花費更多心思來做飯。

（四十多歲，女性，打工族）

實踐斷捨離之後，家裡通風良好，光線充足，讓我嚇了一跳。過去不開燈就一片漆黑的房間，託斷捨離的福，有了極大的變化。甚至到現在才發現，原來這個房間有窗戶。斷捨離為我帶來舒適的生活，自然吹進家裡的微風，以及明亮的日照，讓我心情愉快，生活充滿幸福的感覺。

待在家裡非常快樂，而且心情有種受到療癒的感覺。用餐、睡眠、換衣，入浴、打掃、洗衣和料理等，家裡的日常生活變得相當順利。因為這些變化，心情煩燥的情況減少，開始招待朋友來家裡作客。而且也會進廚房作飯，手藝也變好，伙食費減少，體重也下降，每天都過著神清氣爽的生活。

（五十多歲，家庭主婦）

尋找東西的時間變少，生活再也不會被時間追著跑。不知為何，變得很容易和想念的人不期而遇，在擁擠的停車場，往往都能很快找到停車位，層出不窮的巧合，讓自己覺得運氣變得非常好。

（三十多歲，男性，公司職員）

（四十多歲，女性，計時員工）

透過上述的經驗談，可以知道許多人表示：「實踐斷捨離之後，生活變得十分順利，令自己感到不可思議。」

二〇一四年，陽子女士（化名）榮獲斷捨離大獎，接下來讓我爲各位介紹她的故事。陽子女士透過斷捨離減肥成功，人際關係、工作和財運都獲得改善，人生可說有了戲劇性的改變。

陽子小姐非常崇尚「簡單最好」的想法，合乎身分的生活是她堅持的信念。泡沫經濟時代，景氣一片繁榮，她和當時相識的男性結婚。

丈夫奉爲圭臬的名言是「拿不定主意的話，就兩個都買」。以買衣服爲例，陽子女士在褐色和黑色之間舉棋不定，丈夫一定會說：「既然風格不一樣，兩件都買吧。」雖然覺得這樣的做法並不妥當，但是爲了迎合丈夫，陽子也就不顧自己的想法，夫唱婦隨過著「拿不定主意，就兩種都買」的生活。

因爲「拿不定主意，就兩種都買」，家裡的東西也就不斷增加，兩個人原本在市區的房子，很快就堆滿各種物品。於是，丈夫又說：「希望住在綠意盎然的環境。」提議搬家到鄰近縣市，因爲市區以外的房子比較寬闊。

此時，陽子女士馬上就發現，導致搬家的其中一個原因，就是家裡東西太多，才會使得生活環境變得如此擁擠。然而，她又告訴自己：「既然深愛的丈夫希望搬家，就順從他的意思。」因此，即使心裡有不同意見，卻沒能說出自己的看法。

之後，兩人搬進一棟有庭院的透天厝，位於東京近郊，環境十分優美。然而，陽子女士一直覺得：「以兩個人生活來看，根本不需要這麼寬敞的房子。」

二〇一一年三月十一日，東日本發生大地震。

陽子女士與丈夫的房子，雖然沒有遭受太大的破壞。但是，由於該地區幅射量極高，也就是所謂的高危險地區。

原本陽子女士與丈夫搬到郊區，最大的原因是「希望住在綠意盎然，空氣清新的環境」。然而，以目前的狀況來說，自己的住家已經完全失去這項優勢。

於是丈夫一直上班到很晚才回家，陽子女士也因爲工作關係，每天都出門到市區。現在居住的地區，已經不再是對健康有益的環境，如果只因爲房子夠大才住在這裡，一點意義也沒有。

就在陽子女士爲此煩惱不已時，某天在書店暢銷書籍區，發現「斷捨離」。於是她如飢似渴地閱讀，從看完整本書的那一天起，就開始實踐斷捨離。

過去擔任業務工作需要，但現在已經不再有機會穿的套裝、不合乎自己喜好，但因爲是朋友贈送，而不捨得丟棄的名牌包、必須忍受腳趾疼痛才能穿的昂貴高跟鞋、數年前婆婆爲了幫她去除惡運，到廟裡求來的皮包、買了之後用沒幾次的洗碗機……，想到就馬上行動的陽子女士，馬上遵循斷捨離的原則，一口氣就把這些東西都丟掉。

丈夫看著陽子女士喜形於色，把這些垃圾清理掉，心裡感到十分不可思議。

就在運走了幾乎一輛卡車的物品後，陽子向丈夫提議，搬回市區生活。

「我的物品就只剩這些，就算住在小房子裡，空間應該還是很充足。」

當時，丈夫每天都爲爲長距離通勤而疲累不堪，毫不猶豫就答應陽子女士。

搬回市區沒過多久，丈夫竟然語出驚人地說道：「家裡好像不需要電視機。」

過去住在透天厝時，家裡有一台六十吋的電視機，如果搬到兩房一廳的公寓，將會佔掉許多空間，對陽子女士而言，丈夫這麼說，簡直正中下懷。話雖如此，丈夫平常喜歡看電影，對電視機的尺吋一直都很要求。

「反正我們也沒有其他傢俱，你不必犠牲這麼大……」：陽子略有顧忌地說道，丈夫意志堅定地回答：「因爲新的公寓有一面白色牆壁，又大又美觀，只要買一台小型投影機，就可以把牆壁當做螢幕。想知道時事的話，可以用收音機聽新聞，而且還有網路新聞可以看。」

丈夫過去一直把「拿不定主意，就兩種都買」當做人生的信條，如今卻這麼說，讓陽子女士喜出望外。

家裡少了一台電視機之後，原本吃飯時間都一邊看電視，不肯好好吃一頓飯的丈夫，現在都會和陽子女士相視而坐，一起用餐。在沒有噪音的環境中，兩個人面對面，當然就會交談。夫妻間對話的次數變得更多，內容也更加深入。

丈夫的變化不僅如此，過去即使肚子不太餓，中午也會吃得很飽，現在卻宣佈：「午餐也要斷捨離」。之後，他上班都會帶著妻子準備的蔬菜湯當做午餐，兩年內成功減重十八公斤。

身材變好之後，丈夫開始精挑細選，購買自己眞正想穿的衣服，而且出乎意料之外，因爲人事異動而昇職。

驚人的發展，還不只這些事情。

因爲室內的障礙物變少，用吸塵器打掃比以前輕鬆許多。於是陽子計畫買一台掃地機器人，沒想到丈夫在公司辦活動時，抽中特獎竟然就是掃地機器人，眞可說是驚人的巧合。

過去，陽子以嬰兒按摩講師和芳療師做爲副業，但是一直無法獨當一面。直到實踐斷捨離後，經過一連串的良性循環，這些工作的委託增加許多，最後終於如願成爲以此維生的專業人士。

在這些如波濤般遽烈的環境變化當中，陽子女士和丈夫之間的關係，也有了極大的轉變。

原本夫妻倆感情很好，從來不曾吵架。然而，兩人終究住在同一間房子裡，總是以忙碌做爲藉口，避免眞心面對彼此，每天的日子就像是單身時期一樣。

陽子女士分析兩人相處的情況，她自己希望和丈夫「和平共處」，而丈夫則是「不想被討厭」，因此，彼此無法說出眞心話，只好隱藏性格，如此一來就能不用負起責任，在一起也比較輕鬆。

自從實踐斷捨離之後，陽子女士變得可以向丈夫說出自己的主張。正視眞實的自己，同時也能眞心面對丈夫。陽子女士的變化，同時也對丈夫造成影響。

兩人感情變得愈來愈好，而且是打從心底產生根本性的蛻變。最後，讓我爲各位介紹，二〇一三年斷捨離大獎亞軍的男性，發生在他身上的故事。

這名男性，是一家餐飲連鎖店的店長。平時工作十分勤奮，對待底下員工視場合時而嚴格、時而親切，到每家分店都可以提升業績。在公司內部的評價極高，表面上是個優秀的男子。看起來完美無缺的他，其實私生活方面存在許多問題。

因爲工作上的壓力所致，每晚回到家，他總會大口大口喝啤酒，而且菸癮極大，一天至少抽一包。

說到飲食習慣，他總是吃垃圾食物。例如，麥當勞大麥克特大號套餐，加上一個麥香魚和麥脆雞，這只是一餐的份量。另外，他每週還會叫五次外送披薩，約兩、三人份的中型尺吋，搭配炸雞的套餐。每一餐絕對都超過兩千卡路里，因爲這樣的飲食習慣，體內堆積大量脂肪，從體型來看，屬於代謝症候群的高危險群。

最糟糕的一點，因爲他單身獨居，爲了排解寂寞，因此他經常花錢尋花問柳，導致身上背負兩百萬日圓的負債。家裡的電燈、瓦斯和自來水經常因爲沒繳費而中斷。

事實上，他的生活習慣相當不好，而且過得相當拮据。

直到有一天，他看了「斷捨離」這本書，從此得到救贖。

接著他依照書本指示，徹底實踐斷捨離……，不斷丟棄、不斷丟棄，堆積如山的垃圾。從此之後，他的房間變得乾淨整潔，日子也過得舒適愉快。

緊接著，他的生活發生許多變化，好運接二連三降臨。

他開始滴酒不沾，毫不猶豫戒掉抽菸習慣，體重下降十公斤，晚上不再四處遊玩，負債也完全還清。

最後，他終於找到目前自己最想做的事情，離開工作十年的公司，來到東京學習如何創業。

斷捨離不是開運魔法，我無法向各位保證：「實踐斷捨離，一定會發生好事！」然而，有一點我可以斷言，就是改變視點與行動，心情一定也會產生變化。如此一來，就會發現至今從未想過的選擇，同時也會帶來美好的邂逅。

實踐斷捨離之後，生活將會有什麼變化，一想到就覺得開心。相信這一點，但是不過度期待。首先，從眼前所見的東西與空間開始整理。

整理物品，思考與心情也會跟著豁然開朗。

整理空間，工作與生活也會隨之漸入佳境。

接下來，人生也會一帆風順。

人生的道路有成千上萬條。

我們行走的人生道路，依每個人的情況各有不同，有些道路寬闊舒適；有些道路狹窄擁擠，有筆直的主要幹線；有曲折的市區巷弄，有的道路像快速舒適的高速公路；有的道路像雜草叢生的鄉間小路。

我認爲，不管是哪一條道路，只要細細品味，總能發現其中的趣味與喜悅。因此，希望我們可以在人生的各個時期，自由選擇適合自己的道路。

爲了隨心所欲選擇屬於自己的道路，我總是保持孑然一身的狀態。因爲，若是緊抓住許多東西，儲藏許多東西，就無法輕易改變人生道路。背負著沉重的行李，無法改變道路，就形同畫地自限，阻止自己體會人生中的喜悅。

人生中，具有各式各樣的交通工具。

我們在人生中搭乘的列車，依每個人的情況各有不同，有些人只能乘坐自由座，有些人能夠選擇座位，也有人總是搭乘商務艙。

雖然我們都希望可以一直搭乘商務艙，享受快樂舒適的人生旅途，但是，人生不可能永遠這麼順利。

實際上，人的一生中總會遇上各種狀況，有時像是乘坐在商務艙裡，有時只能待在搭載貨物的車廂上，有時必須擠上尖鋒時段客滿的列車。然而，如果我們帶著超出座位所能容納的物品上車，不只會塞滿座位，甚至還會佔用到行走的通道，連自己都沒地方可以站……。

以上的比喻，各位應該了解其中的道理吧。

人生旅程中，不可或缺的交通工具，就是我們的工作空間，也是休養生息的居住空間。如果一直緊抓不放、持續累積過多的物品，這些空間都會塞滿各種廢物。這樣的情況，就像是故意讓自己搭上一輛不舒適的列車。

因此，我才會隨時篩選自己擁有的東西。
依據當時所處的空間，只保有適當數量的物品。
把握這個原則，就能夠避免空間裡的物品四處散亂，同時，生活與人生的混亂狀態，也會因此大幅減少。
面對人生各個階段，必須擁有某些物品，也有必須捨棄的東西。有些任務無論如何都必須達成，也有不得不放棄的目標。
各位是否同意呢？
讓我們一起努力，
放開緊抓不放的東西，成爲勇敢果斷的男人。
捨棄堆積如山的物品，成爲冰雪聰明的女人。
如此一來，腦海中便會清楚浮現，對現在的自己而言，最適合的東西以及最適合的角色。

山下英子

優生活 Unique Life

丟吧！成為更好的自己〔暢銷新裝版〕

作者—山下英子（Hideko Yamashita）
譯者—李建銓
主編—林憶純
視覺設計—徐思文
行銷企劃—蔡雨庭
總編輯—梁芳春
董事長—趙政岷
出版者—時報文化出版企業股份有限公司
一〇八〇一九台北市和平西路三段二四〇號
發行專線：（〇二）二三〇六—六八四二
讀者服務專線：〇八〇〇—二三一—七〇五、（〇二）二三〇四—七一〇三
讀者服務傳真：（〇二）二三〇四—六八五八
郵撥：一九三四四七二四時報文化出版公司
信箱：一〇八九九臺北華江橋郵局第九九信箱
時報悅讀網—www.readingtimes.com.tw
電子郵箱—yoho@readingtimes.com.tw
法律顧問—理律法律事務所 陳長文律師、李念祖律師
印刷—勁達印刷有限公司
初版一刷—二〇一六年九月
二版一刷—二〇二四年七月五日
二版二刷—二〇二四年九月十一日
定價—新台幣三百五十元

時報文化出版公司成立於一九七五年，並於一九九九年股票上櫃公開發行，於二〇〇八年脫離中時集團非屬旺中，以「尊重智慧與創意的文化事業」為信念。

丟吧！成爲更好的自己（暢銷新裝版）/ 山下英子著；李建銓譯. -- 二版一刷.-- 臺北市：時報文化出版企業股份有限公司，2024.07
216面；14.8*21公分
ISBN 978-626-396-106-7（平裝）
1.CST: 修身 2.CST: 生活指導
192.1　　113004105

ISBN 978-626-396-106-7
Printed in Taiwan.

Otona no Dansyaritechou

First published in Japan 2015 by Gakken Publishing Co., Ltd., Tokyo
Traditional Chinese translation rights arranged with Gakken Inc.
through Future View Technology Ltd.